워터

물이 평등하다는 착각

워터

맷 데이먼 · 개리 화이트 지음

김광수 옮김

애플북스

언제든 회복할 수 있는 역량과 의지가 있는,
우리가 봉사하는 그 모든 사람들에게 이 책을 바친다.
여러분은 안전한 물과 이것이 가져다주는 모든 거대한 가능성에 투자함으로써,
자신과 가족뿐 아니라 모든 인류를 위한 새로운 물결의 항로를 개척하고 있다.

이 책에 대한 추천사

"국제개발에 뜨거운 관심을 가진 영화배우와 오랫동안 현장에서 전문성을 쌓아온 물과 위생 시설 엔지니어의 운명적인 첫 만남이 이루어졌던 2008년 클린턴 글로벌 이니셔티브(CGI), 나역시 그 자리에 있었던 것을 행운으로 생각한다. 그로부터 10년이 넘은 지금, 이 뜻밖의 조합은 안전한 물과 위생 시설을 통해 전 세계 수백만 명의 삶을 개선하는 데 기여했다. 맷과 개리의 비전은 분명하고, 전략은 현명하고 효과적이며, 그들이 하는 모든 활동의 중심에는 동시대 인류를 향한 믿음이 자리한다. 이 책은 그저 흥미로운 읽을거리가 아니다. 이 책은 그간의 노력에 대한 보답이며, 그래서 더욱 중요하다."

— **빌 클린턴**, 미국 전 대통령

"이 책은 자신이 처한 어려움을 극복하려는 모든 이들의 능력을 보여주는 강력한 증거이다. 개리 화이트와 맷 데이먼 그리고 그들이 주도하는 단체인 워터닷오알지(Water.org)가 보여주듯이, 소액의 대출만으로도 빈곤에 허덕이는 가정과 지역사회에 획기적인 영향을 끼칠 수 있다. 이 책에서 바로 그 이야기를 하고 있다. 능력을 북돋우고, 변화를 유도하고, 무엇보다 희망을 꽃피우는 이야기를……."

— **무하마드 유누스**, 2006년 노벨 평화상 수상자

"건강한 사람, 건강한 기업, 건강한 사회는 모두 깨끗한 물을 향한 접근성에서 시작된다. 이를 위해서는 기업 최고경영자부터 정부 관리, 시민들에 이르기까지 모든 사람들이 각자의 역할을 다하고 서로 협력해야 한다. Water.org의 공동 설립자인 맷 데이먼과 개리 화이트는 그 방향을 제시해왔고, 이제는 고맙게도 그 이야기를 우리와도 나눌 수 있게 되었다. 이 책은 그들의 탁월한 통찰을 담고 있으며, 따뜻함과 유머로 충만하고, 지구촌 차원에서 변화를 창출할 능력이 우리에게 있다는 희망을 널리 전한다."

— **인드라 누이**, 펩시코의 전 회장 & 최고경영자

"개리 화이트와 맷 데이먼은 지구촌에서 물을 이용할 수 없는 사람들의 능력을 북돋우는 가장 중요한 것들에 대해 놀라운 이야기를 한다. 그것은 스스로 생활수준을 개선할 수 있도록 새로운 기회를 부여하는 것이다. 원래 개선이란 외부인들이 산업 전반에 의문을 제기하면서 이루어진다. 그리고 소액금융을 통해 물과 관련된 공공 서비스 자본을 형성한다는 발상은 상당히 급진적이다."

ー **비노드 코슬라**, 코슬라 벤처스의 창업자 & 썬 마이크로시스템즈의 공동 창업자

"물은 궁극적인 숙제이다. 물은 포용적이고 지속 가능한 성장을 뒷받침하는 특별한 자원이지만, 그럼에도 또 한 번의 10년이 저무는 이 시점에 세계 인구의 40퍼센트는 물 부족에 직면하고 있다. 개리 화이트와 맷 데이먼은 지난 수십 년간 가장 획기적인 아이디어를 개발하고 입증했다. 빈곤에 빠져 있는 사람들도 자신들의 위기를 해결할 역량을 가지고 있다는 사실 말이다. 이 책은 그들이 이 일을 어떻게 수행해왔으며, 그 40퍼센트를 줄이기 위해서는 여전히 물을 필요로 하는 그 사람들이 중심에 있어야 한다는 사실을 보여준다."

ー **클라우스 슈밥**, 세계경제포럼 상임의장 & '사회적 기업가 정신을 위한 슈밥 재단' 공동 설립자

아름다운 우정.
photograph by Todd Williamson for Water.org

대학 시절에 조직한 기술 봉사 활동으로 필리핀을 찾은 개리 화이트.
photograph by courtesy of Water.org

이 모든 것의 출발점인 미주리주 캔자스시티에서의 모금 행사.
photograph by courtesy of Water.org

임시로 마련한 워터파트너스 첫 사무실. 왼쪽
변기가 유난히 눈에 띈다. 개리가 변기를 새롭
게 만들려고 했는지 수리하려다 실패한 건지
밝히기는 멋쩍다.
photograph by courtesy of Water.org

과테말라에서 시행된 워터파트너스 초창기 프
로젝트 중 하나로 '지역사회를 위한'이 아니라
'지역사회와 함께' 프로젝트를 구축하는 방법
을 배우는 중이다.
photograph by courtesy of Water.org

2006년 여름, 보노의 단체가 준비한 여정에서 맷 데이먼은 물 부족 위기에 맞서고자 하는 의지를 발견했다.

힘겹게 물을 나르는 에티오피아의 젊은 여인. 물통을 가득 채우면 무게가 18킬로그램에 이른다.

영화 〈컨트롤러〉 촬영을 위해 정치인 복장으로 실제 CGI에서 연설하는 맷 데이먼(넥타이가 인상적이다).
photograph by Juliana Thomas courtesy of Clinton Global Initiative

2009년 CGI 총회에서 클린턴 미국 전 대통령과 Water.org의 설립을 축하하는 장면.
photograph by Paul Morse courtesy of Clinton Global Initiative

CGI의 사명은 '아이디어를 행동으로' 전환하는 것이다. 우리는 정확히 그랬다. 이곳에서의 첫 만남 이후 5년 만에 Water.org가 어떻게 수백만 명의 사람들에게 물과 위생 시설을 보급했는지 설명할 수 있었다.
photograph by Taylor Davidson courtesy of Clinton Global Initiative

인도 풀리얌바캄 마을에서 어린 학생들과 함께 춤을 추는 맷 데이먼과 개리 화이트.
photograph by Praveen Sundaram for Water.org

인도의 한 대출자와의 대화. 워터크레딧 대출로 인도에서만 1,500만 명 이상의 사람들에게 물과 위생시설을 보급했다.
photograph by courtesy of Water.org

대출카드를 자랑스럽게 보여주는 인도의 대출자 칼라바티. 이 작은 대출은 앞
으로 그녀의 가정에서 벌어질 큰 변화를 의미한다.
photograph by courtesy of Water.org

변기 파업을 촬영할 때의 우스꽝스러운 모습. 사람들이 이 문제에 관심을 갖게
할 수만 있다면 우리는 어떤 짓도 마다하지 않을 것이다.
photograph by Todd Williamson for Water.org

변기 파업 기자회견 중 뉴스 속보 캐릭터.
photograph by Todd Williamson for Water.org

워싱턴 DC에서 김용 세계은행 전 총재와의 만남. 김용 박사는 지구촌 물 부족 위기의 핵심인 재정 격차를 해소하는 데 워터크레딧이 어떤 역할을 할 수 있는 지 간파한 인물이다.

photograph by Simone D. McCourtie for World Bank Group

2017년 세계경제포럼에서 CNBC 셰린 반과의 대화. 물 부족 위기를 해결할 자본을 마련하기 위해 우리는 돈이 있는 곳이면 어디든 달려간다. 다보스도 그중 하나였다.

photograph by Jakob Polacsek for World Economic Forum,

2019년 크리스마스 무렵 필리핀에서 현지 여성인 제니 에고이와의 만남. 그녀에게 수도시설은 단순한 선물이 아니라 그녀 가족의 미래를 일구는 투자다.

photograph by courtesy of Water,org

필리핀의 워터크레딧 대출자인 재닌 바우티스타와의 만남. 재닌은 몇 차례 받은 대출로 가족을 빈곤에서 구해낸 놀라운 이야기를 들려주었다.
photograph by courtesy of Water.org

물 펌프로 장난치는 에티오피아의 아이들. 물이 가져다주는 소소한 행복만 한 것도 없다.
photograph by courtesy of Water.org

Water.org 워터닷오알지

안전한 물을 통해 삶을 바꿀 기회를 제공하는 것은

빈곤을 종식하고, 지구촌을 평등하게 만들며,

우리 모두의 밝은 미래를 창조하는 길입니다.

안전한 물은 여성과 소녀들에게 배움의 기회를 부여하고 새로운 수입과 창조적인 시간을 제공합니다.
안전한 물은 기후 변화로 인해 빈곤에 빠진 사람들이 빠르게 일상을 회복하도록 도와줍니다.
안전한 물은 질병으로부터 스스로를 지켜낼 수 있게 하고 가족의 건강을 향상합니다.

Water.org는 안전한 물과 위생 시설을 세상에 보급하기 위해 노력하는 지구촌 비영리단체입니다. 안전한 물과 위생 시설이 꼭 필요한 사람들이 더 나은 삶의 기회를 누릴 수 있도록 Water.org에 기부해주시기 바랍니다.

water.org/worthofwater

차례

1장

도대체
'물 문제'라는 게
뭔데?

시점

맷 데이먼

나는 삶의 대부분을 지면이 아닌 스크린 속 이야기로 보냈다. 그래서 이 책을 어떻게 시작하는 게 좋을지 고민할 때마다 본능적으로 영화 오프닝 장면을 떠올렸다. 이 이야기는 2006년 잠비아 시골 마을의 어느 오두막을 방문하는 장면으로 시작된다. 흙빛 벽돌, 지저분한 바닥, 풀로 엮은 지붕…… 그때의 광경은 지금도 머릿속에 생생히 남아 있다. 평소 주위 풍경은 건조함으로 가득했지만, 당시는 우기 막바지인 4월이어서 대지 곳곳이 녹색의 얇은 담요로 덮여 있는 듯했다. 나는 오두막 밖에 앉아 그 집의 10대 자녀가 학교에서 돌아오기를 기다렸다.

내가 잠비아에 가게 된 것은 U2의 보노가 집요하게 졸랐기 때문이다(록스타인 보노는 모든 여가 시간을 빈곤 퇴치에 바치는 사람이다). '조르기'는 보노의 전매특허다. 그는 조르기를 마치 명예 훈장처럼 여긴다. 자기가 집요하게 졸랐기에 정치인들이 스스로는 절대 하지 않을 행동을 하는 것이라며 뿌듯해한다. 그는 정말 조르는 재주가 탁월하다. 빈곤을 눈앞에서 목격하는 것만으로도 그 사람의 가치 순위가 바뀌고 무엇이든 실행할 것이라고 믿는다. 그래서 보노와 DATA(그가 설립한 단체로 훗날 원 캠페인 ONE Campaign으로 진화한다) 동료들은 아프리카 여행에 함께하자고 줄곧 나를 졸라댔다. 그는 텔레마케터와 같은 열정으로 나를 압박했다. '아니'라는 대답은 절대 받아들이지 않았다.

정확히 말하면 나도 '아니'라고 말할 생각은 없었다. 다만 해야 할 일들이 많았다. 무엇보다 여행을 떠날 무렵이면 아내가 임신 7개월에 접어들고, 다음 영화까지 남은 시간도 많지 않았다. 그래서 나는 시기가 좋지 않다고 말했다. 그러자 그는 나를 응시하며 이렇게 대꾸했다. "좋은 시기는 앞으로도 절대 없을걸!" 물론 그럴 것이다.

이번 여행의 취지에 대해 거창한 환상은 없었다. 누군가의 삶을 바꾸겠다는 생각은 애초에 하지 않았다. 보노는 대의를 품은 록스타보다 골치 아픈 건 없다고 입버릇처럼 말했지만, 대의를 품은 영화배우도 만만치 않았다. 수풀이나 도시 슬럼가를 근심 어린 표정으로 거닐다가 다시 안락한 삶을 찾아 귀국행 비행기에 몸을 싣는 내 모습을 그려보는 것만으로도 몸서리가 쳐졌다. 하지만 그때 '바쁘다'는 것보다 어리석은 핑계도 없을 거라는 생각이 들었다. 여행에 대한 생각을 거듭할수록 그곳으로 가서 극빈한 삶을 살아가는 사람들을 직접 만나 어떤 식으로든 도움을 주고 싶다는 생각이 점점 뚜렷해졌다. 그래서 보노에게 가겠다고 말했고, 내 형인 카일(Kyle)도 동행하겠다고 약속했다.

여행 기간은 2주 남짓이었다. 우리는 남아프리카와 잠비아 곳곳의 빈민촌과 시골 마을들을 방문했다. DATA는 대학의 짧은 봉사활동처럼 여행 일정을 짰다. 그곳에서 우리는 주민들을 빈곤의 악순환에서 벗어나지 못하도록 옭아매는 문제들을 매일 하나씩 발견했다. 재원이 부족한 의료 체계, 빈민촌 생활의 문제들, 에이즈(HIV 감염) 위기 등 각각의 주제에 대한 보고서를 읽고, 그 문제를 해결하기 위해 활동하는 단체들을 방문하며, 무엇보다 주민들을 직접 만나 대화를 나눴다.

잠비아의 일정 중 하루는 물과 관련하여 배울 예정이었다. 왜 하필 물인지 선뜻 이해되지 않았다. 에이즈 문제와 교육에 초점을 맞춘 것은 바로 납득할 만했다. 이런 문제들은 뉴스에서 자주 접하고, 사람들의 대화나 서명 운동 주제로도 종종 다뤄지는 데다 퇴치를 위한 기부 활동도 활발하기 때문이다. 그런데 '물 문제'로 하루를 보낸다는 말을 들었을 때 나는 어떤 의미인지 정확히 이해되지 않았다. 그저 물이 오염되어 그런가 보다 하고 짐작했을 뿐이다.

그러다 손에 들린 보고서를 읽기 시작했다. 예상대로 물이 오염된 것은 맞았다. 너무 심하게 오염되어 수인성 질병으로 아동들이 20초에 한 명씩 죽는다고 했다.1 하지만 그런 오염된 물조차 구하기 어려웠다. 마을에는 수도관이 없으니 주민들의 가정에도 수도꼭지가 없었다. 누군가 물이 있는 곳까지 가서 직접 길어 와야 했는데, 그 누군가는 거의 항상 성인 여자나 소녀였다. 이것은 여자들의 책임이었다. 수원지가 얼마나 떨어져 있든 그곳까지 걸어가서 통에 가득 물을 채워 온다. 15리터 남짓한 플라스틱 기름통에 물을 가득 채우면 무게가 18킬로그램이 넘는데[2] 이것을 지고 집으로 돌아온다. 다음 날도 똑같은 일을 반복해야 한다.

이 과정이 실제로 어떤지 살펴보기 위해 우리는 잠비아의 수도 루사카에서 차를 타고 4시간을 달려, DATA의 어느 파트너가 자원해서 만든 우물이 있는 마을을 찾아갔다. 그 직원은 도로 부근에 살던 한 가족과 잘 아는 사이였다. 열네 살밖에 안 된 그 집 딸은 매일 학교에서 돌아오면 가족이 먹을 물을 길으러 우물까지 걸어간다고 했다. 소녀는 우리의 동행을 허락하겠지만, 막상 그녀의 집에 도착했을 때는 아무도 없었다. 그 집뿐 아니라 동네 전체가 조용했다. 중심가라고 할 만한 곳도 없는 마을은 모든 오두막들이 여기저기 흩어져 있었다. 너무도 고요하고 아무런 움직임도 없었다. 일단 우리는 그곳에 앉아 기다려보기로 했다.

이윽고 한 소녀가 길을 따라 우리 쪽으로 걸어오고 있었다. 한 손에는 책을 들고 교복으로 보이는 파란 단색 원피스 차림이었다. 그녀는 우리에게 수줍은 인사를 건네고 책을 내려놓더니 자기네 기름통을 가지러 갔다.

우물을 향해 걸어가는 내내 어색하기 그지없었다. 놀랄 일도 아니었다. 매일 혼자 우물까지 걸어가던 소녀에게 느닷없이 여행 안내자와 마을 관리들, 게다가 열성적인 영화배우까지 동행하다니! 소녀와 나는 말이 통하지 않아 통역사의 도움을 빌렸다. 다른 사람들은 조금 뒤로 물러서서 우리 둘에게 시간을 주었다. 내가 묻는 말에 소녀는 아주 짧게 대답했다. 하지만 시간이 흐르면서 조금씩 어색함이 풀렸고 나중에는 침묵마저 자연스럽게 느껴졌다. 그렇게 평화로이 시골길을 걸었다.

30분쯤 지나 우물에 도착했다. 누군가 나에게 직접 물을 길어보라고 했다. 〈제이슨 본(Jason Bourne)〉 시리즈 하나를 막 끝낸 때여서 체력만큼은 꽤 자신 있었다. 그러나 펌프로 우물물을 끌어 올리는 일은 보기보다 훨씬 힘들었다. 펌프를 붙잡고 사투를 벌이던 나와 소녀의 눈이 마주치자 서로 웃음이 터졌다. 그녀는 놀라울 정도로 능숙하게 펌프질을 하더니 물을 담은 그 크고 무거운 노란 통을 들어 머리에 올리고는 한 손으로 균형을 잡았다. 이것이 그녀의 일이라는 것을, 피할 수도 없고 꼭 해야만 하는 허드렛일이라는 것을 돌이켜보면 (설령 그 사실을 망각했다 하더라도) 그저 경탄스러울 따름이었다.

돌아오는 길에 비가 내리기 시작했다. 하지만 누구도 비 온다는 말을 하지 않고 그저 묵묵히 걷기만 했다. 비에 흠뻑 젖으면 사람들은 왠지 모를 포근함을 느낀다. 그래서 대화도 한결 가벼워졌다. 나는 소녀에게 커서도 지금 이 마을에 살고 싶으냐고 물었다. 그녀는 나를 향해 살짝 미소 짓더니 다시 수줍은 모습을 보였다. 대답을 할지 말지 고민하는 듯했다. 이윽고 소녀가 입을 떼었다. "루사카에 가서 간호사가 되고 싶어요."

소녀는 그 꿈을 거의 혼자 간직하고 있는 듯했다. 부모님도 알고 있

는지, 조금 전에 머뭇거린 이유가 부모님에게 그 얘기를 할까 봐 걱정
되어서인지 궁금했다. 소녀가 이런 꿈을 꾼다는 것은, 익숙한 곳을 벗어
나 혼자 힘으로 잠재력을 실현한다는 것은 결코 쉬운 일이 아니다. 소
녀의 말에 나는 진심으로 감동했다. 지구 반대편에서 나와 전혀 다른
삶을 살아가는 누군가를 만나 그들 속으로 순식간에 녹아든 나를 발견
하는 이야기가 얼마나 진부한지 나도 잘 안다. 하지만 나는 그랬다. 새
로운 곳에서 새로운 무언가를 하고 싶은 열망과 간절함이 어떤 것인지
새삼 떠올랐다. 나 역시 10대 시절 여름에 아르바이트로 모은 돈을 벤
애플렉과 공동으로 개설한 은행계좌에 모아두었다가 뉴욕으로 가서 배
우가 되었다. 분명 같은 경우는 아니다. 하지만 우리가 서로 공감하지
못할 만큼 다르지도 않았다.

　이야기를 나누다 보니 소녀가 꿈을 이룰 거라는 확신이 들었다. 소녀
에게서 느껴지는 생기와 침착함으로 미루어보건대, 언젠가 그녀가 용
기를 내어 꿈을 좇아 루사카로 가겠다고 부모님에게 말하는 장면도 어
렵지 않게 상상할 수 있었다. 그녀의 부모님은 화를 내거나, 딸과 헤어
지는 슬픔에 빠지거나, 아니면 딸이 큰 꿈을 가졌다는 사실을 자랑스러
워할지도 모른다. 아니면 셋 다이거나. 아무튼 소녀는 열심히 공부하고
일해서 자신의 꿈을 이뤄나갈 것이다. 그로부터 12년 넘게 흐른 지금도
나는 그 소녀가 해냈을 것이라고 자신한다. 지금도 물통을 이고 그 길
을 걷고 있지는 않으리라고 말이다. 부디 내 생각이 맞기를 바란다.

　내가 이렇게 낙관하는, 아니 낙관할 수 있는 유일한 근거는 그 소녀

가 학교에 다니고 있었기 때문이다. 매일 우물까지 왕복 1시간을 걸어 갔다 오면 학교에 갈 수 있고 해 지기 전에 숙제도 끝낼 수 있었다(마을 에 전기가 들어오지 않아 어두워지면 책을 볼 수 없었다). DATA에서 그 소녀를 내 게 소개한 이유는 상대적으로 모범 사례였기 때문이다. 소녀는 그나마 운 좋게도 우물에서 가까운 편이라 공부할 시간이 꽤 많았다. 하지만 다른 수백만 소녀들은 그렇게 운이 좋지 못하다. 그들이 물을 얻기 위 해서는 1시간이 아니라 3시간, 4시간, 심지어 6시간이 걸리기도 한다. 그들이 할 수 있는 일은 물을 길으러 가는 것이 전부였다. 그 때문에 소 녀들은 학교에도 갈 수 없고, 가족을 부양할 돈을 벌기 위해 들판에 나 갈 수도 없으며, 시장에 내다 팔 무언가를 만들 수도 없다. 실제로 인도 일부 지역은 물이 너무 귀해서 남자들이 '물 긷는 아내들(water wives),' 즉 매일 하루 종일 가족이 사용할 물을 긷는 두 번째 또는 세 번째 아내 를 들이기도 한다.[3]

　나는 "물은 생명이다"라는 격언을 되뇌었다. 집에서 6~7킬로미터가 아니라 1킬로미터 남짓한 거리에 우물을 파겠다고 생각한 사람 덕분에 열네 살짜리 인생의 시간이 얼마나 절약되었던가? 소녀가 걸어서 우물 을 오가는 것보다 훨씬 더 많은 일을 하며 하루를 보낼 수 있었던 것은 그 결정 덕분이었다. 소리 내어 말하기조차 머뭇거릴 만큼 크고 대담한 꿈을 꿀 수 있었던 것도 바로 그 결정 덕분이었다. 소녀에게 물은 생명 이었다. 나아가 더 나은 삶을 향한 기회였다.

'유명 인사가 아프리카에 가서 세상을 바꾸겠다고 다짐한다'는 상황이 어쩌면 역겹게 느껴질 수도 있기에 잠깐 설명하겠다. 역겨운 건 나도 마찬가지다. 하지만 그 유명 인사가 나일 수도 있고, 나는 내 어머니의 소중한 아들이기도 하다.

　이제 일흔에 접어든 어머니 낸시 칼슨-페이지(Nancy Carlsson-Paige)는 내가 자랄 때 유아교육학과 교수였고, 매사추세츠주 케임브리지의 레슬리 대학교에서 학생들을 가르쳤다. 내가 아홉 살이 되던 해부터 학교에서 가까운 여섯 가구가 사는 공동주택에서 어머니, 형과 함께 살았다. 사람들이 대학의 진보적 편향을 비판하며 말만 앞세우는 히피족 같은 우스꽝스러운 그림으로 도배하던 시절이었다. 나는 그런 곳에서 자랐다. 어린 나를 돌봐주던 사람 중에는 하워드 진(Howard Zinn)도 있었다. 보스턴 대학교의 저명한 교수였던 그는 《미국 민중사(A People's History of the United States)》를 집필했으며, 억압하는 사람이 아니라 억압받는 사람들의 관점에서 역사를 가르치는 사회운동가였다. 사람들이 나를 할리우드의 진보주의자라고 부를 때, 한편으로는 반발하고 싶으면서도 다른 한편으로는 이렇게 정정하고 싶기도 하다. "좋아! 하지만 할리우드가 아니라 케임브리지야!"

　10대였던 1980년대 케임브리지(벤과 내가 살던 센트럴스퀘어 마을이 아니라 저녁 식탁)에서 자주 듣던 주요 역사적 사건 중 하나가 중앙아메리카의 격변이었다. 위기의 출발점은 1950년대로 거슬러 올라간다. 당시 아이젠하워 행정부는 서방에서 공산주의의 확산을 방지한다는 거창한 명분을 내세워, 민주적으로 선출된 과테말라 대통령을 전복하는 데 협력하라고 중앙정보국(CIA)에 지시했다. 과테말라 대통령은 공산주의자가 아니라 좌익 사회개혁가였지만, 숨은 공산주의자이거나 아니면 머잖아 그렇게 될 수도 있다는 우려 때문에 미국은 과테말라의 군사 쿠데타를 지원했다. 이후의 내전으로 무려 20만 명이 사망했다.4 1970년대와 1980년대 이곳은 좌파 운동으로(니카라과의 산디니스타스 민족해방전선과 엘살바도르의 파라분도 마르티 민족해방전선FMLN) 독재와 군사정권을 무너뜨렸다. 그러나 미국은 독재자들 편에서 길고 피비린내 나는 내전을 위한 군사훈련과 자금을 지원했다. 양측 모두에서 끔찍한 인권 침해가 잇따랐고 이 책에서 다루기에는 비극적 역사의 규모가 너무 방대하다. 게다가 하워드 진에게 처음 역사를 배운 젊은이의 말을 신뢰하지 않는 사람들도 꽤 있을 것이다.

내가 성장할 무렵 케임브리지는 이런 미국의 정책에 저항하는 주요 거점 중 하나였다. 정치적 억압의 희생양들을 추모하는 교회들도 있었고, 전쟁 희생자들을 돕기 위한 기금을 마련하느라 그들의 사진을 들고 집집마다 찾아다니던 지역사회 자원봉사자들도 있었다. 500여 명의 시민들이 JFK 연방빌딩을 점거한 것을 비롯해 보스턴 광장에서 펼쳐진 대규모 시위들을 아직도 기억하고 있다. 어머니도 그 시위에 참여했다 체포된 적도 있다. 미국의 정책을 완전히 뒤집지는 못했지만 변화를 유도하는 데는 성공했다. 우리 주지사는 중미 지역에서 군사 훈련을 할 매사추세츠 주방위군 파견을 거부함으로써 레이건 행정부에 저항했다. 케임브리지는 분쟁 지역 난민들의 피란처임을 선언했고, 폭력으로 유린된 살바도르인 마을을 '자매 도시'로 선정해 의료용품을 비롯해 여러 가지를 지원했다.[5]

이 무렵부터 어머니는 스페인어를 배우기 시작했고 시간 날 때마다 중미로 여행을 떠났다. 과테말라, 엘살바도르, 온두라스를 방문했는데 몇 가지 이유가 있었다. 무엇보다 그곳에서 벌어지는 일들을 자세히 파악하고, 미국의 추가 개입에 반대하는 주장을 뒷받침하기 위해 그곳 소식들을 국내에 알리고 싶어 했다. 아울러 미국 시민들이 그 나라 땅을 밟고 있으면 미국 정부도 자국민들이 위험에 처하는 침략 행위를 하지 못하리라는 것이 많은 사회운동가들의 생각이었다.

어머니는 비교적 안전한 세 번의 여행에 나를 데리고 갔다. 우리는 현지인 가정에서 지내며 어학연수를 하고, 남는 시간에는 닭으로 꽉 찬 버스를 타고 전국으로 배낭여행을 다녔다. 과테말라에 갔던 그 여름에는 산악지대에서 아직도 전투가 계속되고 있었다. 한번은 아이들을 태운 트럭 한 대가 내 옆을 지나갔다. 얼굴에 위장 크림을 칠한 소년들의 손에는 총이 들려 있었다. 전투에 참전하기 위해 언덕으로 향하는 중이었다. 그 소년들도 나와 비슷한 또래이거나 조금 어려 보였다. 그중 한 소년과 눈이 마주쳤는데 생기 없는 그 눈빛이 지금도 잊혀지지 않는다. 소년은 내가 보지 못했고 볼 수도 없는 수많은 것들을 보아왔을 터였다.

대학교 1학년을 막 끝낸 1989년 여름에 어머니가 말했다. "맷, 지금까지는 너와 카일에게 엄마가 필요한 듯해서 여행을 자제해왔어. 하지만 이젠 둘 다 어른이 되었으니 엄마가 더 이상 필요 없단다." 그때부터 어머니는 엘살바도르에 있는 케임브리지 자매 도시를 포함해 더 위험한 지역으로 다녔다. 게릴라들의 은신처로 의심받은 그 마을은 어머니가 머무는 동안 살바도르인 군대가 진입해 공중에 총을 난사하고 마을 우물에 소변까지 보았다고 한다. 감사하게도 어머니는 해를 입지 않았다. 집으로 돌아왔을 때는 세상과 연대하겠다는 의지가 한층 강해져 있었다. 무슨 일이 일어나고 있는지 알기 위해, 더 적극적으로 불의를 바로잡기 위해…….

그런데 이 모든 것을 바라보는 어머니의 생각은 복잡했다. 변화를 이끌기로 결심한 것 못지않게, 또 한편으로는 개인과 정부, 구호단체 등 '도움'이라는 명목으로 느닷없이 지역사회에 뛰어들어 혼란을 유발하는 모든 것들을 매우 회의적으로 바라보았다. 어머니의 말을 나는 똑똑히 기억한다. 아무리 선의의 개입이라도 생색 내기에서 비롯될 수 있고, 심지어 흑인과 갈색인종들은 자조할 줄도 모른다는 일종의 무의식적인 인종차별을 표출할 수도 있다는 것이었다. 특히 어머니는 자신들이 이미 모든 것을 파악했고 도움이 필요한 사람들에게 자신들의 지혜와 선물을 전달하기만 하면 된다고 생각하는 구호단체 요원들의 오만을 경멸했다.(정말로, 어머니에게 이 얘기를 다시 상기시키면 안 된다.)

어머니는 이 냉철한 시각을 자신에게도 적용했다. 자신의 마음가짐이 올바르다고 생각했지만 그것만으로는 충분하지 않다는 것도 알았다. 당신이 한 번도 살아본 적 없는 나라의 복합적인 삶을 이해하는 것이, 당신이 경험한 것과 전혀 다른 상황 체계를 인정하는 것이, 그리고 밖에서 들여온 관념들의 결과를 예측하는 것이 얼마나 어려운지 어머니는 여행을 통해 깨달았다. 진보적 개혁운동을 풍자한 만화는 이미 익숙하다. 하지만 내가 보기에 어머니는 개혁운동을 하는 것이 아니었다. 어머니는 계속 씨름하고 있었다. 자신, 그리고 자신의 머뭇거림과. 어머니는 주변에 깔린 온갖 덫을 피하려 무척 애썼다. 겸손하게, 거만해 보이지 않으려 노력했고, 엘살바도르나 멕시코, 과테말라 사람들이 처한 상황에 대해서도 어머니가 결코 당사자들보다 (무의식적으로라도) 잘 알고 있다는 상상조차 경계했다. 그렇게 조금이나마 자의식으로 무장한 어머니는 자신이 할 수 있는 일을 찾아 다시 비행기에 올랐다.

그러나 어머니와 이런 이야기를 나누고 나서 내가 그 교훈을 적용하기까지는 몇 년이 걸렸다. 그 시간은 내가 여행용 더플백에서 벗어나 지인들과의 만남과 연기 활동을 오가는 생활의 연속이었다. 솔직히 말하면 더 크고 멋진 역할과 안정적인 직업을 위해 세상과 연대하는 문제는 뒤로 제쳐두었다. 그러다 그 일이 일어나면서 내 모든 열정은 온통 그곳으로 쏠렸다. 그때는 아내 루시와 막 가정을 꾸리기 시작했고, 2006년 세상과 연대에 눈뜨기 전까지 보노는 나를 끌어들이려고 집요하게 조르고 있었다. 보노는 스스로 상황을 입증하는 능력이 탁월했다.

그와 U2는 세계의 빈민들을 대변하는 동안에도 앨범 녹음을 멈추지 않았다. 그는 이 일을 위해 생업을 중단하거나 아내 알리와 네 아이들에게 관심을 덜 쏟는 일도 없었다.

보노는 돈 많은 록스타가 빈곤을 들먹거리기 시작할 때 쏟아지는 대중의 따가운 시선을 의식하지도 않았다. 더구나 자신을 위선자나 아마추어 또는 기념촬영용 자선가라고 비아냥거리는 것이 두려워 주저하는 일도 없었다. 실제로 사람들은 그를 이렇게 바라봤고, 지금도 마찬가지다. 일상적으로 말이다. 그러나 보노는 소셜미디어에서 쏟아지는 몇몇 사람들의 비아냥거림과 공격을, 아무런 행동도 하지 않거나 그저 돈이나 조금 보내는 것이 아니라 무엇이든 실천하는 데 따르는 대가로 받아들였다. 내 말을 오해하지 않으면 좋겠다. 기부는 당연히 중요하다. 당신이 운 좋은 삶을 살았다면, 내가 늘 그래 왔듯이 당신도 그동안 누린 행운을 조금이라도 나누는 것이 좋다. 나는 늘 이런 믿음을 가지고 살아왔다. 하지만 그와 동시에 내가 할 수 있는 일이 더 많다는 생각도 들었다. 2006년의 여정은 그것이 무엇인지를 찾아내기 위한 나의 진정한 첫걸음이었다.

물 문제의 심각성이 곧바로 와 닿은 것은 아니다. 첫 여행은 그저 그랬다. DATA에서 너무 많은 것을 너무 빨리 쏟아내는 바람에 나는 낚싯

줄에 걸린 것처럼 버둥거렸다. 그래서 나 혼자 정리도 하고 변화를 유도할 부분이 어디인지를 판단하려면 시간이 필요했다.

본능적으로 관심이 쏠린 대상은 에이즈였다. 직접적인 고통을 유발하는 대표적인 질병이기 때문이다. 여행 초기에는 HIV 바이러스에 대해 더 많이 배우려고 남아프리카에서 가장 넓은 주거 지역인 소웨토(Soweto)에서 하루를 보냈다. 그곳에서 에이즈로 부모를 잃은 열두 살과 일곱 살 형제를 만났다. 형제는 둘만의 힘으로 삶을 헤쳐나가고 있었다. 형은 동생에게 아빠와 엄마 역할을 어떻게 했는지 설명해주었다. 이야기를 들으면서도 방이 티끌 하나 없이 깨끗하다는 것이 퍽 인상적이었다. 아이들을 대신해 청소해줄 사람은 없었다. 아이들에게 청소하라고 시킬 사람도 없었다. 그저 아이들 스스로 했을 뿐이다.

밖으로 나와서 안내인들에게 물었다. "저 아이들은 앞으로 무얼 하게 될까요? 이제 어떻게 되는 거죠?" 그들은 아이들이 아마 갱단에 들어가게 될 거라고 솔직하게 말했다. 이 도시의 갱단은 돈이 절실하게 필요한 아이들을 끌어들이기 위해 온갖 방법을 동원한다고 덧붙였다. 그리고 대체로 성공한다는 것이었다.

여행에서 돌아올 때까지 그 생각이 머릿속을 떠나지 않았다. 나도 에이즈 위기에 맞서 싸우기 위해 어떤 식으로든 도움을 주고 싶었고 그럴 기회도 분명 있었다. 에이즈와의 전쟁은 DATA의 주요 목표 중 하나였다. 그러나 아는 것이 많아질수록, 과연 에이즈와 전쟁이 보병으로서 나를 필요로 하는지 확신이 점차 옅어졌다. 전 세계 수많은 사회운동가들과 보노, 빌 게이츠, 빌 클린턴과 조지 W. 부시 전 대통령 같은 지도자들 덕분에 각국 정부들은 뒤늦게라도 에이즈 확산을 차단하는 데 진지한 태도를 보였다. 물론 지금보다 훨씬 많은 기금과 지원이 필요한 것도 사실이다. 하지만 세상에는 심각한 고통을 야기하는데도 거의 주목받지 못하는 문제들이 많다.

교육은 나의 성장에도 중요한 영향을 미쳤고, 배경을 떠나서 많은 사람들이 직접 교육을 경험하므로 이 교육의 가치를 설파하는 일은 수월한 편이다. 게다가 교육 분야에 종사하는 사람들의 수도 부족하지 않았다. 그러다 어머니의 경우를 곰곰이 되짚어보며 여행에서 만났던 사람들이 나에게 어떤 일을 권유했는지 생각해보았다. 그런 경우는 딱 한 번 있었다. 루사카 외곽의 어느 마을 촌장의 집에서 저녁 식사를 할 때였다. 촌장이 대뜸 나를 향해 몸을 숙이더니 이렇게 물었다. "언제쯤이면 악어 문제에 대해 뭐라도 할 수 있을까요?"

그 마을에서는 에이즈보다 악어에게 희생되는 사람들이 더 많았다. 이런 내용이 내가 읽은 보고서에 들어 있을 리 없었다. DATA 직원에게 우리가 할 수 있는 일이 없겠냐고 물었더니 검토해보겠다는 대답만 돌아왔다. 내 생각에 해결책은 간단했다. 이 문제의 해답을 찾겠다고 유엔의 위원회까지 들먹일 필요 없었다. 덫과 총 같은 것들만 있으면 될 것을! 그럼에도 '맷 데이먼, 악어 사냥꾼'과 같은 '대의의 화신'이 되는 상상을 하기는 힘들었다.

내 생각은 자꾸만 파란 원피스를 입은 소녀와 함께 우물까지 걸어가던 장면으로 돌아갔다. 소녀가 처한 상황과 물에 대해 배운 모든 것들을 생각할수록 물이 다른 모든 것들의 근간임을 깨닫게 되었다. 물 없는 삶은 불가능하다. 깨끗한 물이 없다면 인류의 진보도 불가능하다.

여행 중에 마주쳤거나 뉴스에서 본 다른 모든 문제들도 결국 물로 수렴되는 듯했다. 보건 문제를 예로 들면 수인성 질병의 가장 흔한 증상인 설사는 말라리아와 홍역, 에이즈를 합친 것보다 많은 아동들을 죽음으로 내몬다.[6] 또 다른 수백만 명의 아동들은 수인성 질병으로 유발된 심각한 영양실조 등으로 신체 및 정신적으로 영구적인 장애를 입는다.[7] 또한 물을 길어 나르는 여자와 소녀들에게는 훨씬 심각한 건강 문제가 따른다. 유엔 여성기구 부국장 아사 레그너(Åsa Regnér)는 이렇게 말한다. "보통 어린 나이부터 이런 것들을 들고 나르다 보면 목과 척추, 등, 무릎의 마모가 누적됩니다. 사실상 여성의 몸이 식수 공급 기반 시설의 일부로 파이프와 같은 역할을 수행하는 셈입니다."[8]

물은 더 많은 아이들을 학교에 보낼 수 있는 근간이기도 하다. 수인성 질병으로 학교에 결석하는 경우가 한 해에 4억 4,300만 건에 이른다.[9] 욕실과 위생용품이 미비한 탓에 소녀들은 생리 기간 중 여러 날을 집에 머물러야 한다. 더구나 하루 중 상당 시간을 물을 길으러 다니다 보면 학교에 가기도 힘들다. 아이들이 교실에서 친구들과 공부하길 바란다면 당신부터 나서서 물 문제를 해결해야 한다.

당신이 성 평등 문제에 관심 있다면, 여성과 소녀들에게 일상을 되돌려주는 것보다 더 훌륭한 일이 있을까?

물 문제는 극심한 빈곤의 주된 원인이기도 하며, 해마다 세계 경제에 2,600억 달러의 손실을 입힌다.[10] 그리고 우리가 목도하고 있듯이 물 부족 현상은 기후 온난화가 초래하는 가장 파괴적인 결과 중 하나이다. 식수 시설이 연결된 사람들에게는 물 부족이 그저 비용 문제일 뿐이다. 하지만 그렇지 못한 사람들에게 물 부족은 치명적이다.

고대 그리스 철학자 탈레스는 "물은 만물의 첫 번째 원리다"[11]라고 말했다. (그리스 철학자들은 물질에 해박했다.) 내 생각에도 탈레스의 말이 옳다. 보건, 교육, 여성 인권, 경제적 기회, 환경 등 모든 개발 사안들은 물에 대한 논의가 전제되어야 비로소 가능하다. 더 정확히 말하면 WASH(물, 위생 시설, 위생학의 약자이며 보통 단일 문제로 언급된다)에 대한 논의다. 그런데도 물 문제를 거론하는 사람들은 많지 않다. 언젠가 보노의 동료가 했던 말이 자꾸 떠오른다. "물은 모든 대의 중에서 가장 매력적이지 않아요." 나는 속으로 생각했다. '그래? 그럼 똥물 한번 마셔보지 그래!'

물과 위생 시설은 왜 매력적이지 않을까? 왜 이런 것들은 주목받지 못하는 걸까? 지난 수년 동안 나는 여러 이론들을 개발하고 폐기했다. 그중 내가 가장 매달렸던 하나는 데이비드 포스터 월리스의 연설에 등장하는 우화로 집약할 수 있다.

어린 물고기 두 마리가 함께 헤엄치다 맞은편에서 헤엄쳐 오는 늙은 물고기를 만났어요. 늙은 물고기는 어린 물고기들을 향해 고갯짓을 하며 말했지요. "좋은 아침이야, 꼬맹이들. 오늘 물은 어때?" 머리를 갸우뚱하며 계속 헤엄치던 두 물고기 중 하나가 이윽고 다른 물고기를 바라보며 이렇게 물었어요. "도대체 물이 뭐야?"[12]

월리스는 "가장 명확하고 중요한 현실을 오히려 제대로 바라보지도, 이야기하지도 못할 때가 종종 있다"는 점을 강조할 때 이 이야기를 자주 인용했다. 그러나 이 이야기는 단순한 비유가 아니다. 물에 관한 한 이 말은 진리에 가깝다.

우리의 삶은 물로 둘러싸여 있다. 아침에 일어나 집을 나서기 전까지, 물로 샤워하고, 물로 양치하고, 물로 대소변을 처리하고, 물로 커피를 내리고, 물 한 잔을 마시고, 물로 설거지한다. 물 없이 살아가는 일은 상상조차 할 수 없다. 아예 불가능하다. 플라스틱 병에 담긴 전해질 음료나 생수가 아닌 이상 너무 싸고 때로는 거의 무료여서 물값을 치른다는 생각조차 하기 어렵다. 어느 카페나 식당에서도 무료로 얻을 수 있는 음료가 물 한 컵이다. 식수대에서 물을 공짜로 받아 마시기도 하고 무료로 화장실을 이용하는 것도 익숙하다.

우리는 그 어린 물고기와 다를 게 없다. "도대체 물이 뭐야?" 우리는 물과 위생 시설을 무의식적으로 이용하기도 하고 그 시설이 아예 눈에 보이지 않는 경우도 있다. 미시간주 플린트의 상수도 시설에 치명적인 문제가 발생한 것과 같은 예외적인 경우를 제외하면 우리는 결코 물 없이 일상을 살아갈 일이 없다. 이따금 식사를 거르는 것이 어떤 느낌인지, 텅 빈 냉장고를 바라보는 기분이 어떤지 우리는 잘 안다. 그래서 배고픔이 어떤 느낌인지도 상상할 수 있다. 그러나 우리 집과 마을 전체의 모든 수도꼭지를 일일이 틀어보며 아무것도 나오지 않는 장면을 목격한 사람이 과연 얼마나 될까? 누가 그런 상상이나 해봤을까?

20여 년 전 대학 룸메이트 2명의 자동차 여행에 관한 기사를 〈뉴욕타임스〉에서 읽은 적이 있다. 두 학생은 칼스배드 동굴국립공원(Carlsbad Carverns, 뉴멕시코주)에서 나와 하이킹을 하다가 길을 잃었다. 그렇게 물 없이 나흘을 배회했다. 그러자 극심한 갈증으로 죽어가던 한 친구가 탈수증으로 죽느니 편안하게 눈감을 수 있도록 자신을 죽여달라고 다른 친구에게 애원했다. 그 친구에게는 작은 칼이 하나 있었다. 결국 친구는 가장 절친한 벗을 실제로 죽였다. 그리고 얼마 지나지 않아 불과 700미터 남짓 떨어진 곳에서 물을 발견했다.[13]

죽은 학생을 부검한 결과 흥미로운 사실이 밝혀졌다. 학생은 탈수증으로 죽어갔던 것이 아니다. 탈수증이 생명을 위협할 정도는 아니었던 것이다. 그 학생은 자신이 겪고 있는 고통의 원인이 무엇인지 알지 못했다. 과거에 극심한 갈증을 한 번도 경험한 적이 없었기 때문에.

1906년 과학자 W. J. 맥기(W. J. McGee)는 애리조나 사막에서 물 없이 거의 일주일을 견딘 남자를 인터뷰했다. 그는 갈증을 세 단계로 구분했다. 첫 번째는 '보통 건조함' 수준으로, 어느 정도인지 모두가 잘 안다. 두 번째는 목이 타는 듯하고 피부가 말라붙어 결국 이성을 잃기 시작하는 단계이다. 마지막은 맥기가 이름 붙인 것처럼 신체의 '점진적 미라화'이다.[14] 죽은 학생은 두 번째 단계 어디쯤에 있었던 것으로 보인다.

이 소름 끼치는 이야기에 사로잡힌 나는 구스 반 산트(Gus Van Sant) 감독과 다른 일로 통화하면서 이 이야기를 했고, 우리는 이를 소재로 〈제리(Gerry)〉라는 영화를 만들었다. 물론 그동안 내가 참여한 영화 중 가장 뛰어난 것은 아니다. 밤에 호젓하게 데이트를 즐기면서 볼 만한 영화도 아니다. 그러나 우리와 같이 부자 나라에 사는 사람들은, 심각하고 지속적이며 위험하기까지 한 갈증처럼 인간에게 가장 근본적인 경험을 한 적이 없다는 사실이 내 관심을 사로잡았다.

이런 이유로 나는 물 문제가 사람들의 머릿속에 각인되기까지 꽤 시간이 필요하리라고 생각한다. 가끔씩 사람들이 이 문제를 한 귀로 흘리는 모습에 실망하기도 한다. 하지만 돌이켜보면 나 또한 그랬다. 내게 깊은 인상을 남긴 그 단호한 모습의 소녀를 만나기 전까지만 해도 만성적 갈증이나 물 접근성 부족 같은 문제들이 너무도 생소했다. 그래서 물 문제가 소녀의 삶에 얼마나 결정적인 역할을 하는지 깨닫기까지 적지 않은 시간이 필요했다.

하지만 시간이 흐르면서 무언가를 깨달았다. 해결책까지는 아니더라도 문제를 이해하게 된 것이다. 그리고 더 많은 사람들이 이 소녀와 같은 사례를 들으면 물 문제에 더 많은 관심을 가질 것이라고 생각했다. 유명 인사라는 게 무엇인가? 관심 빼면 시체인 존재들 아닌가? 그 관심의 일부라도 물 문제로 전환할 수 있다면, 내 힘으로 조금이나마 변화를 이끌기 시작했다는 느낌이 들 것 같았다.

물론 내가 이 문제에 대해 최고의 옹호자라고 주장하는 것은 아니다. 그냥 있는 그대로 말하자면, 지금 당신이 읽고 있는 두 명의 백인이 쓴 이 책은 소외된 흑인과 갈색인종, 특히 여성들에게 주로 영향을 미치는 문제를 다루고 있다. 내가 강조하고 싶은 것은, 많은 이들이 신경 쓰지 않는 물 문제에 대해 내가 할 수 있는 유일한 해법은 계속 떠드는 것이라는 점이다.

그러나 당신과 전혀 상관없는 지역들에 영향을 미치는 문제에 관여한다는 것은 계속해서 그 문제에 대해 듣고 배워야 한다는 의미이기도 하다. 자신의 억측과 편견을 깨달아야 하고, 좋은 의도로 시작한 일이 잘못될 수도 있다는 겸양의 자세도 필요하며, 더 나은 결과를 위해 계속해서 방법을 찾아나가는 헌신도 필요하다. 바꿔 말하면, 긴 세월 동안 내 어머니로부터 배운 진중함과 용기가 결합되어야 한다. 혹시라도 내 어머니의 사례에 문제가 있다면 이의 제기는 내게 하기 바란다.

아프리카로 떠나기 얼마 전, 나는 (대서양과 세네갈이 만나는 서쪽에서 이집트와 홍해가 만나는 동쪽까지) 약 5,600킬로미터에 이르는 뜨거운 사하라 사막을 횡단하는 세 남자의 다큐멘터리에 참여했다.[15] 그중 카리스마 넘치던 찰리 잉글(Charlie Engle)이라는 남자와 대화를 나눴다. 찰리는 수십 년 전 코카인에 취해 모텔 바닥에 쓰러졌다가 죽기 직전에 깨어났다.

그때부터 정신을 차린 그는 약을 끊고 달리기를 시작했다. 그는 멈추지 않고 달렸다. 자신의 모든 중독 성향을 오로지 달리기에만 쏟았고, 그렇게 해서 울트라 마라토너가 되었다.

찰리와 만났을 때 우리 둘은 16킬로미터를 달렸다. 그때 찰리가 내게 마라톤을 해본 적이 있느냐고 물었다. 나는 없다고 하며 덧붙였다. "형이 마라톤을 해요. 나도 훈련해봤는데 12킬로미터쯤 지나면 아킬레스건에 무리가 오더라고요."

"아뇨, 그렇지 않아요." 그가 말했다.

그 힘줄의 소유자인 나는 다시 반박했다. 무리가 온다고 말이다.

"그렇지 않아요." 재차 말하는 찰리의 다음 말이 걸작이었다. "당신은 고통과의 관계를 재정립할 필요가 있어요."

찰리의 이 말에 가식적인 영화 캐릭터가 떠오를지도 모르겠다. 나도 그랬으니까. 하지만 나는 그와 그의 프로젝트를 좋아했다. 총괄 프로듀서로 참여한 나는 영화의 내레이션을 맡겠다고 말했다. 내가 이 일에 참여하기로 한 것은 이야기가 매우 흥미로웠기 때문이다. 본질을 향한 인간의 도전기라고나 할까. 그런데 마라토너들이 대륙 횡단 준비를 마치고 우리 스태프들이 그들을 촬영하러 아프리카로 갔을 때는 무언가 다른 것들이 눈에 들어왔다. 그전까지 나는 DATA와 함께 아프리카를 방문했다. 이번에는 마라토너들이 횡단할(세네갈, 모리타니, 말리, 니제르, 리비아, 이집트 등) 경로를 지도로 살펴보니, 마치 지구촌 물 부족 위기의 그라운드 제로(출발 원점) 같았다. 이 주변의 국가들은 하나같이 극심한 물 부족에 직면해 있었고, 이를 해결할 기반시설도 부족했다. 당신이 물 부족 위기에 관심이 있거나 어떤 행동을 하고 싶다면 여기서부터 시작하는 것도 좋다.

영화 촬영을 준비하면서 현지 주민들이 물과 위생 시설을 이용할 수 있도록 도와주는 단체들이 있다는 것을 알게 되었다. 이 단체들은 하나같이 자금 부족에 시달렸는데 어쩌면 그 일을 내가 할 수 있겠다는 생각이 스쳤다. 기금 조성 말이다. 그래서 프로젝트 지도자들과 상의해 H2O 아프리카 재단(H2O Africa Foundation)이라는 구호단체를 설립하기로 결정했다.

물과 위생 시설을 담당할 최고의 단체들을 찾아내 그들의 업무를 검토하고, 훌륭한 파트너가 될 수 있을지를 판단하여 기금을 지원하기까지 우리가 해야 할 일은 산적해 있었다. 다행히 그 영화 덕분에 우리에게는 이 지역을 가로지를 현장 요원들이 있었다. 마라토너를 말하는 게 아니다. 두 마라토너는 이미 걱정거리가 한가득이었다. 무엇보다 살아남을 수 있을지부터 걱정이었다. 현장 요원이란 차와 트럭으로 마라토너들과 여정을 함께하며 여러 가지를 지원하고 촬영할 팀원들을 말한다. 그 과정에서 현지 주민들을 만나 물 문제에 대해 이야기를 나누고 그들을 돕는 단체들도 눈여겨볼 수 있을 것이다.

이 나라에 입국하는 것 자체가 얼마나 까다로운 일인지를 감안하면 얼마나 소중한 기회인지 실감할 수 있다. 마라토너들이 니제르에서 사막을 가로지르고 있는데도 북동쪽 국경을 접한 리비아는 입국을 승인

해주지 않았다. 그 무렵 〈본 얼티메이텀(The Bourne Ultimatum)〉을 촬영하고 있던 나는 리비아 대사관 관리들을 설득하기 위해 플로리다의 TK 세트장에서 워싱턴 DC까지 날아갔다. 그들에게 내 존재가 생각만큼 매력적이지 않았는지 돌아온 대답은 '아니오'였다. 그래서 리비아 태생의 어느 사업가를 끌어들여 줄다리기를 한 끝에 겨우 마라토너들의 입국 승인을 받았다.16

이 나라들에 우리 팀들이 있다는 것 자체가 큰 행운이었기에 이 기회를 최대한 활용하고 싶었다. 물론 영화를 촬영하면서 이런 조사까지 완벽하게 진행하기가 얼마나 어려운 일인지 잘 알고 있었다. 이것은 마치 런던정경대학교에서 가르치지도 않는 개발학 학위를 취득했다고 주장하는 것과 마찬가지였다. 하지만 나는 개발학 학위를 취득하는 게 아니라 다큐멘터리를 제작하고 있었고, 그 과정에서 나만의 배움을 추진하고 싶었다. 어릴 적 어머니가 늘 냉장고에 붙여두던 자석의 글귀가 떠오르곤 한다. 간디의 말이라고 적혀 있었다(아마 아닐 것이다). "당신이 하는 모든 일이 하찮게 여겨질 수도 있지만, 가장 중요한 것은 당신이 그 일을 한다는 사실이다."

기쁘게도 우리는 해냈다. 우리 팀은 반드시 필요한 일들을 수행하는 훌륭한 단체 몇 곳을 찾아냈고, 그들을 통해 매일 얼마나 더 많은 일들이 필요한지 알 수 있었다. 한번은 마라토너들이 마실 물과 음식을 싣고 달리던 트럭에 동승했던 우리 요원들이 사막 한가운데서 잔뜩 겁먹은 표정으로 혼자 앉아 있던 일곱 살짜리 소년을 발견했다. 소년이 가진 것이라고는 낙타 젖 조금과 육포가 전부였다. 부모는 아이 혼자 두고 물을 구하러 떠났는데, 두 사람이 꼬박 이틀에 걸쳐 사하라 사막 중심부까지 다녀와야 하는 긴 여정이었다. 소년의 집에는 양과 염소, 낙타 무리가 있었는데 소년 혼자 가축들을 모두 돌봐야 했다. 이런 일이 자주 있느냐고 소년에게 물었더니 '그렇다'는 대답이 돌아왔다. 요원들은 쿠키 한 상자와 생대추야자 한 봉지, 큰 물병 몇 개를 소년에게 건넸다. 물론 이것이 궁극적인 해결책은 아니다. 우리 요원들이 트럭을 타고 모래 먼지를 일으키며 떠나는 모습이 어쩌면 소년에게는 꿈속의 환상처럼 느껴졌을지도 모른다.[17]

마라토너와 요원들은 현지어로 적힌 이 문구를 반복적으로 들었다.

"Tamachek : Aman Iman.(물은 생명이다.)"[18]

H2O 아프리카 재단은 영화와 홍보로 꽤 많은 기금을 조성했고, 이후부터는 다른 곳에서 돈이 들어오기 시작했다. 아동 복지 증진 단체들에 재원을 지원하는 캐나다의 자선단체 OneXOne은 내가 토론토에서 그들을 위한 축하 행사를 주최했을 때 H2O 아프리카 재단에 백만 달러를 기부했다. 그 뒤에는 물 부족 위기를 종식하기 위해 막대한 투자를 하는 펩시코 재단(The PepsiCo Foundation)으로부터 대규모 지원금을 받았다. 이 모두는 우리가 하는 일을 믿고 던진 거대한 신뢰의 투표처럼 여겨졌다.

더 많은 기금을 조성할수록 (그래서 아프리카 현장의 단체들에 재원을 지원하면서) 내가 가진 지식과 실제 경험의 괴리를 더 뼈저리게 느꼈다. 성공적으로 기금을 마련하기 위해서는 사람들이 믿고 맡긴 재원을 잘 관리할 책임이 있다. 내가 배워야 할 것들이 훨씬 더 많다는 뜻이다. 별로 아는 것 없이 시작할 때가 좋았다. 하지만 계속 이런 식으로는 곤란했다.

그때부터 나는 물 부족 위기에 대해 더 많이 읽고 전문가들도 많이 만났다. 그중 내가 오랫동안 존경해온 경제학자 제프리 삭스(Jeffrey Sachs) 교수는 개발학계의 주요 인물로서 보노의 사고방식에도 많은 영향을 끼쳤다고 한다. (보노는 자신을 '제프리 삭스 팬'이라고 불렀다.) 토론토의 축하 행사장에서 처음 만난 이후로 그는 나의 훌륭한 멘토가 되었다. 많은 시간을 할애해야 하는 점심 자리도 마다하지 않았고, 개발 언어에 생소한 나를 이해시키려고 노력했다. 그런데 여기서 유의할 점이 있다. 물과 같이 중대한 지구촌 난제에 대해 배우려고 할 때 당신이 만나게 될 문장들의 상당수가 다음과 같을 수 있다는 것이다. "수자원 관리는 통합 원칙(더블린 원칙 1)과 보완 원칙(더블린 원칙 2) 사이의 논리 관계를 포괄한다."[19]

이런 문장을 만난다면 그 웹사이트에서 슬그머니 물러서되 그대로 포기해서는 안 된다. 실제로 개발 부문의 주요 단체들 대부분은 이런 전문용어를 사용한다. 그 용어들의 상당수는 전문가들이 만든 약자인 듯하다. 할리우드에도 이런 용어들이 많다. 텐트 폴(tent poles, 텐트 지지대처럼 흥행 가능성이 높은 영화들-옮긴이), 비트 시트(beat sheets, 스토리 분석 기법-

옮긴이), 슬러그 라인(slug lines, 영문 대본에서 대문자로 새 장면과 시공간을 표시하는 방식-옮긴이) 등이 그렇다. 어떤 분야이든 이해하기 어려운 용어는 일종의 진입 장벽 역할을 하며, "당신은 모르지만 우리는 많은 것을 알고 있다"는 뜻을 전달한다. 틀린 말은 아니다. 전문가들은 항상 당신보다 더 많이 안다. 당신은 전문가가 아니고, 그들은 전문가이니 당연하다. 물론 나도 마찬가지다.

그래도 나는 괜찮다. 내가 그리 똑똑하지 않다고 느껴도 괜찮고, 무지하거나 초보자처럼 보여지는 질문도 기꺼이 할 수 있다. 이런 것들에 나는 생각보다 능숙하다. 하지만 문제는 기꺼이 배우겠다는 생각만으로는 충분하지 않다는 것이다. 설립한 지 몇 년이 지난 H_2O 아프리카 재단이 그랬다. 알고 보니 내게는 선생님만 필요한 게 아니었다. 파트너도 필요했다. 물에 대해 나보다 훨씬 많이 알고, 힘을 합쳐서 혼자일 때보다 팀으로 더 많은 일을 해낼 수 있는 사람 말이다. 여전히 내가 아는 것은 부족했지만, 물에 관해 누구보다 잘 아는 사람을 알게 되었다. 그가 바로 개리 화이트(Gary White)다.

2장

물과
함께한
10년

시점

개리 화이트

 이야기하기에 앞서 나는 생애 첫 사무직을 과감히 내팽개칠 만큼 극적인 사람이 아니라는 사실부터 밝혀두고 싶다. 그런 내가 실제로 그렇게 행동한 상황을 언급하기 전에 그 점부터 분명히 해둘 필요가 있을 듯하다.

 새로 탄생한 워터닷오알지(Water.org)의 초창기 근황을 〈에스콰이어(Esquire)〉에 소개하던 2009년, 기자는 맷과 내가 인도를 방문했을 때의 옷차림을 묘사하는 것으로 우리 둘의 차이를 설명했다. 언뜻 보면 우리 둘의 옷차림은 별다를 게 없었다. 둘 다 버튼다운 셔츠에 카키색 바지를 입었는데, 맷의 셔츠는 헐렁한 데다 바지 밖으로 늘어뜨리고 위쪽 단추도 몇 개 풀려 있었다. 그에 반해 내 셔츠는 바지 속에 집어넣어 허리띠로 단정하게 조인 모습이었다. 그리고 내 주머니에는 볼펜이 꽂혀 있었다. 기자는 이렇게 묘사했다. "밤과 낮, 검은색과 하얀색, 스타 영화배우와 엔지니어처럼 극명하게 다른 느낌이었다."[1] 기자의 말은 틀리지 않았다. 나는 맷 데이먼 옆에서 대조적인 모습으로 사진이 찍힐 때 외에도 셔츠 단추를 단정하게 채운 엔지니어로 그와 마주칠 때가 많다.

두말할 것도 없이 나는 멋진 스타일이 아니다. 1989년 겨울 아주 기묘한 그날을 맞이한 것도 그 때문이었다. 엔지니어링 컨설팅 회사에 입사해 이제 막 덴버로 이사한 무렵이었다. 내가 맡은 일은 콜로라도주 푸에블로의 어느 곳에서 같은 지역의 다른 곳으로 물을 운반할 파이프라인을 설계하는 것이었다. 화려하지는 않지만 나름 중요한 역할이었다.

일을 시작하고 둘째 주 중반이 되던 어느 날, 책상 앞에 앉아 있던 나는 사무실을 나와 무작정 거리를 걸어갔다. 항명 행위는 아니었다. 심지어 의식적으로 그런 것도 아니었다. 그저 편하지 않았다. 아침에 일어나 기지개를 쭉 펴는 것과 같은 편안함이 아니라 그보다 훨씬 고차원적인, 다시 말해 실존적 의미에서 편하지 않았다. 그래서 좀 걸으면서 생각하고 싶었다.

그보다 몇 개월 전, 나는 구호단체인 가톨릭 릴리프 서비스(CRS)의 기술(엔지니어링) 전문요원으로 과테말라 고원을 누볐다. 그곳에서 라틴 아메리카와 카리브해 전역을 지원하는 프로젝트를 감독하는 것이 내일이었다. 하지만 그 일은 내가 추구하던 전문기술사 자격증과는 관련

이 없었다. 이 자격증을 취득하려면 1년의 공인 기술직 경력이 더 필요했기에 덴버에서 일하게 된 것이다.

내가 CRS에서 맡은 업무의 대부분은 물 관련 프로젝트였다. 내가 방문했던 마을에서 만났던 여성들은 평생, 매일 단 한순간도 물과 위생 시설에 다가갈 수 없었다. 새벽 4시에 일어나 날이 완전히 밝기 전에 남들 눈을 피해 들판에서 볼일을 봐야 했고, 낮에는 온종일 물 긷는 일을 하다 밤이 되면 흙먼지를 뒤집어쓴 채 잠들었다. 아이들을 씻기기에도 빠듯할 정도로 물이 부족했다.

나의 새 직장과 비교해보자. 콜로라도주 푸에블로에 사는 사람들 대부분은 물을 전혀 의식하지 않으며, 의식할 필요 없도록 하는 것이 내 일이었다. 누르기만 하면 화장실 오물이 깨끗이 씻겨나가고, 싱크대와 샤워기 그리고 각종 호스에서는 언제나 깨끗한 물이 흘러나온다. 분명 의미 있는 일이다. 하지만 이 일을 계속하다 보니 이웃집에 불이 났는데 우리 앞마당만 정리하고 있는 듯한 느낌을 지울 수 없었다.

아무런 의식도 없이 그렇게 몇 킬로미터를 걸었다. 어디로 가는지도 몰랐는데 도착해보니 내가 다니던 교회였다. 교회 안은 텅 비어 있었다. 나는 신도석에 앉아 이 일을 그만두어야 할지 고민했다.

이사 온 지 얼마 되지 않아 이 교회도 비교적 낯설었지만 그래도 교회에 오면 한 번씩 고향이 떠오르곤 했다. 캔자스시티에서 자란 나는 매주 일요일마다 집에서 한 블록 떨어진 세인트 베르나데트 가톨릭 교회에 가서 미사를 드렸다. 학비가 상당히 비싸긴 해도 드라살 교직회

(The Christian Brothers)가 운영하는 고등학교도 다녔다. 내 위로 세 남매의 학비까지 감당하기 벅찼던 부모님은, 내가 학비의 절반만 책임지면 나머지는 어떻게든 내주시겠다고 했다. 그 절반을 마련하기 위해 나는 여름이면 세인트 베르나데트 초등학교에 청소원으로 들어가 졸업한 이후로 다시는 볼 일이 없을 것 같았던 그 마룻바닥을 훔치고 화장실도 깨끗이 청소했다.

학교와 교회에서는 "타인을 위한 삶이 아니라면 살아갈 가치가 없다"고 배웠다. 특히 어머니 캐시 화이트(Kathy White)는 이 가르침을 가슴에 새기고 살았다. 미주리주의 농장에서 자란 어머니는 1940년대 후반에 대도시로 이주했다. 그래서 나처럼 지구 반대편 사람들에게 봉사할 기회를 얻지는 못했다. 그럼에도 어머니는 변함없이 봉사하는 삶을 살았다. 집에서 다섯 아이들을 부양하느라 삶을 온전히 바치지 못했을 때는 '언덕 위' 교회에서 묵묵히 기부 활동을 했다. 어머니는 베트남 난민들의 정착을 도왔고 캔자스시티의 빈곤층을 지원하는 기금도 모금했다. 다른 교회들처럼 우리 교회도 기금 마련을 위한 자선 바자회를 자주 열었고 어머니는 매일같이 그곳에서 옷과 낡은 장난감 더미를 정리했다.

그래서 봉사는 내게도 항상 중요한 덕목이었다. 하지만 덴버의 그 교회에 앉아 고등학교 수업 시간에 자주 들었던 주제이자 가톨릭 신자들이 자주 거론하는 '사회 정의'에 대해 생각했다. 사회 정의는 다양한 의미가 있지만 내게는 대학 시절 처음으로 떠난 해외 봉사활동이 떠올랐다. 그때 나는 과테말라시티의 빈민촌에서 대여섯 살쯤 되어 보이는 여자아이가 더러운 물통에 물을 담고 있는 모습을 보았다. 물통 무게가 아이의 몸무게와 거의 비슷해 보였다. 물통을 들어 머리에 올린 아이는 하수구를 따라 휘청거리며 집으로 향했다. 누구나 그랬겠지만 나 역시 그 무거운 짐으로부터 아이를 해방시키고 싶었다. 그리고 그 물을 마시면 심하게 아프거나 죽을 수도 있다고 알려주고 싶었다. 하지만 그 위험을 설명하기에는 나의 스페인어 실력이 너무 모자랐다. 어쨌든 그것은 아이가 얻을 수 있는 유일한 물이었다. 열악한 곳에서 가난하게 태어난 탓이었다.

슬프다고만은 할 수 없었다. 비극적이라고 할 수도 없었다. 가벼운 단어로 표현할 상황이 아니었다. 이 경우는 불공평하다고 해야 적절했다. 그 순간 나는 오로지 공부를 통해 추상적으로만 알았던 무언가를 깨달았다. 이 어린아이와 같은 수십억 명의 사람들이 가장 기본적인 욕구조차 충족하지 못해 매일 허우적거린다는 사실을 말이다. 그들은 가족이 마실 물과 먹을 음식, 안전하게 잠잘 공간을 마련하는 데 너무 많은 에너지를 쏟느라 자신들의 미래를 위해 투자할 여력이 남아 있지 않았다. 그래서 자신들이 잘못하지 않았음에도 여러 세대에 걸쳐 절망의 악순환에서 벗어나지 못한다. 나는 세상이 이래서는 안 된다고, 이렇게 되지 않도록 우리가 무언가를 할 수 있다고 배웠다. 하지만 우리는 그러지 않는다. 그래서 이 모양이다.

아무래도 회사를 그만두는 게 나을 듯했다.

이 이야기가 소설이라면 나는 사무실로 돌아가지 않았을 것이다. 그러나 앞서도 말했듯이 나는 그리 극적인 사람이 아니다. 그날 남은 근무 시간과 다음 날까지 병가를 냈다. 많이 아팠다. 정확히 말하면 마음이 아팠다(하루 종일 햇볕을 쬐어 피부가 타서 아프기도 했다). 아내 베키(Becky)와 계획을 세웠다. 전문기술사 시험을 볼 때까지는 어쨌든 덴버의 직장에 머물고, 시험에 떨어지면 지체 없이 그만두기로 했다. 또한 물에 대해 배우고 물 부족 위기를 타개할 새로운 방법을 연구하기 위해 대학원에 진학할 계획도 세웠다.

계획은 충실하게 이행되었다. 세계적인 물 문제 권위자들의 전당이라고 할 수 있는 UNC 채플힐의 환경공학 석사 과정에 입학했다. 그리고 엔지니어링 컨설팅 회사에 입사한 지 1년이 갓 지난 어느 날 고용주에게 '2주 전 퇴사 예고'를 했다.

세인트 베르나데트 교회에서 물 문제를 주제로 모금 행사를 열기로 했다. 공교롭게도 1990년 11월 말이어서 '추수감사절 물을 위한 만찬 (Thanksgiving Water Dinner)'이라고 이름 붙였다. 여기서 모은 기금은 지역사회와 협력하여 우물 식수 시설을 건설하는 데 주력하는 온두라스의 모범 단체 코세프라딜(Cocepradil)에 전달할 예정이었다. 특히 코세프라딜이 엘 리몬(El Limon)이라는 지역에 깨끗한 물을 공급하는 데 필요한 재원을 마련하는 것이 목적이었다.

　대부분의 추수감사절 행사들이 그렇듯이 모금 행사도 가족 파티 형식으로 진행되었다. 나의 대가족 일원들이 모두 만찬 행사를 도와주었다. 어머니는 미사가 끝나자 아는 사람들을 전부 행사장으로 밀어 넣듯이 했다. 우리에게 어머니는 최초이자 가장 유능한 자원봉사자였다. 어머니 덕분에 100여 명의 친구들과 가족들이 행사에 참석했다. 예상보다 훨씬 많은 숫자였다. 지역의 출장 음식 서비스 회사이자 가까운 이웃인 메이센 케이터링에서 음식을 기부했고, 나는 CRS에서 보낸 시간들을 정리해서 만든 물 프로젝트 슬라이드쇼를 상영했다. 테레사 수녀가 인도 애덕회 수녀들을 위한 피정을 이끌어달라고 부탁했을 정도로 명망 있던 캔자스시티의 팻 토빈(Pat Tobin) 신부가 연설을 해준 것도 큰 행운이었다. 그날 밤에 4천 달러가 넘는 돈이 모였다. 아내 베키는 만찬에 참석한 모든 사람들이 서명을 남길 큰 깃발도 만들었다. 이듬해 물 프로젝트가 어떻게 진행되는지 직접 확인하기 위해 엘 리몬을 방문해서 기부금을 전달했다.

　만찬 행사는 대단히 성공적이어서 다음 해에도 캔자스시티에서 다시 열기로 마음먹었다. 아울러 채플힐에서도 개최할 계획이었다. 채플힐에서는 우리 공학부 동료들이 위원회 구성에 많이 참여했고, 그중 헌신적인 자원봉사자로서 두각을 나타낸 사람은 나의 절친 말라 스미스(Marla Smith)였다. 우리 둘은 '안전한 물을 위한 국제협력단(IPSW)'이라는 새로운 단체를 설립했다(우리는 기술자들이라서 브랜딩에는 별 재주가 없다).

그리고 공학부의 몇몇 교수들도 IPSW의 첫 이사회에 참여해주었다.

앞으로 나아갈 길을 생각하면 무척 흥분되었다. 하지만 1990년대 초에 지구촌 물 부족 위기를 해결할 새로운 단체를 만든 것은, 남들 모두 짐을 싸서 집으로 향하는데 혼자 덩그러니 파티에 남아 있는 것과 다를 게 없었다.

너무 어릴 때여서 지금은 많은 사람들이 잊어버렸겠지만, 1980년대는 물과 위생 부문에서 큰 희망이 싹트던 시절이었다. 유엔은 이 시기를 '국제 식수 공급 및 위생의 10년'으로 지정했다(유엔 관리들 역시 브랜딩에는 영 소질이 없나 보다). 1960~1970년대에 개발 문제를 주제로 수많은 회의를 개최하는 과정에서 인구 과잉과 도시화, 환경 등 모든 주제가 결국 물로 수렴된다는 사실을 깨우치고 내린 결정이었다. 물 부족 문제는 개발도상국들이 해결해야 할 가장 어려운 숙제였다. 안전한 식수를 이용할 수 있는 인구는 겨우 40퍼센트 정도였고, 가장 기본적인 위생시설에 접근할 수 있는 인구도 25퍼센트에 불과했다.[2] 매년 안전한 식수가 없어서 생명을 잃는 아동이 1,500만 명 정도로 추정되었다.[3]

개발도상국들이 자신들이 처한 위기를 부각하면서 개발 전문가들도 깨끗한 물을 쉽게 이용할 수 있는 환경이 우리 신체뿐 아니라 건강한 사회를 위해서도 시급하다는 것을 인식하기 시작했다. 1980년 유엔 총회는 이 10년이 끝나기 전까지 전 세계 모든 지역의 사람들이 물과 위생 시설을 이용할 수 있도록 하겠다는 목표를 수립했다.

이 '물의 10년' 중반부터 CRS에서 일하기 시작한 나는 그 모든 노력의 일원이 되었다는 점에 들떠 있었다. 난생처음 접하는 일이었으니 이상적인 미래를 그리는 것도 당연했지만, 전문가들도 물 부족 위기의 해결책을 반드시 찾아낼 것이라고 장담했다. 대다수 사람들이 이 목표에 자신만만했기에 1990년까지는 아니더라도 그다음 10년까지는 해결될 것으로 보았다.

솔직히 말해 그때 나는 위기를 어떻게 해결할 것이며 내가 어떤 역할을 할지 상당히 이상적인 비전을 가지고 있었다. 최대한 효율적으로 도움을 주기 위해 비행기 조종사 자격증을 취득해서 깨끗한 물을 얻는 데 공학적 도움이 필요한 곳으로 직접 날아갈 생각도 했다.

그러나 현실을 깨닫기까지 그리 오랜 시간이 필요하지 않았다. 깨끗한 물이 시급한 라틴아메리카 마을을 찾았을 때 도무지 믿기지 않은 현장을 목격했다. 최근에 지어진, 그야말로 최신 우물이 허물어져 있었던 것이다.

본질적인 문제는 물과 위생 프로젝트의 대부분이 지역사회와 함께가 아니라 지역사회를 위해 건설되고 있었다는 점이다.

그 당시 미국 정부 프로그램의 상당수는 기획에서 재료 조달까지 미국 회사들이 맡았다. 실제로 미국국제개발처(USAID)는 이 내용을 의무화했다. '물의 10년' 동안 국제개발처에서 진행하는 대다수 개발 사업에 미국 사업자를 이용해야 한다고 법률로 규정한 것이다. 이 논리라면 미국이 현지인들을 돕는 모든 활동에서 무언가를 챙긴다는 뜻이다. 2000년대 들어 미국 정부는 이것을 문제가 아닌 미덕으로 보았다. 국제개발처 홍보 자료에서도 이렇게 과시할 정도였다. "미국의 해외 원조 프로그램의 주요 수혜자는 늘 미국이었다. 국제개발처 계약과 지원금의 80퍼센트는 미국 기업들에 직접 이전된다."[4]

이론적으로 보면 남을 도움으로써 나도 이득을 얻는 일종의 윈윈(win-win)이다. 하지만 실제로는 그렇지 않았다. (전 국제개발처장은 의회에서 정한 이 규칙들이 골칫거리라고 인정했다.)[5] 왜냐하면 우물을 만드는 것만이 전부가 아니기 때문이다. 우물을 계속 사용하다 보면 어느 순간 몇몇 부분이 고장 날 것이다. 미국산 부품으로 만든 우물이라면 현지 주민들이 무슨 재주로 고칠 것인가? 부품 파는 곳을 알아내 해외 주문을 해서 새 부품으로 갈아 끼우려면 평소 주민들에게 유지관리비를 징수해야 할 것이다. 그러지 않는 한 남는 것은 결국 고장 난 우물뿐이다. 당시에는 우물 설치에 급급한 나머지 이런 가능성은 철저히 무시되었다.

그렇게 많은 우물들이 사용할 수 없는 채로 방치되었다. 조사 결과에 따르면 물 프로젝트로 우물을 완성한 지 2년에서 5년 사이에 약 30~50퍼센트가 고장 난다고 한다.[6]

그나마 가동되던 일부 우물도 매우 심각하게 오염되어 있었다. 나는 과테말라에서 물을 마시고 병이 난 이후로 처음 수질 연구 검사를 기획했다. CRS에서 처음 시행한 검사였다. 검사 장비와 화학약품, 인화물질

등을 비행기에 싣기까지 우여곡절은 앞으로도 잊지 못할 것이다. 도미니카공화국의 수질을 검사하기 위해 꼭 필요하다는 것을 보안요원들에게 몇 번이나 설명해야 했다. 그들은 나를 이상한 사람처럼 바라보더니 결국 비행기에 실어주었다.

검사 결과 상당수는 매우 충격적이었다. 식수 오염도를 측정하는 일반적인 방식은 100밀리리터 물을 확보하여 여과기를 통해 박테리아를 증식시킨 후 박테리아 군체의 수를 세는 것이다. 이렇게 하면 마시는 물이 얼마나 오염되었는지 대략적으로 알 수 있다. 그런데 심하게 오염된 물은 군체들의 경계를 구분하기조차 어려웠다. 이런 경우 조사 보고서에 'TNTC'라고 기록한다. 너무 많아서 헤아리기 어렵다는 뜻이다. 우리 보고서에도 'TNTC'가 많았다.

최선의 시나리오는 깨끗한 물을 공급하는 우물이지만, 수질 관리 방법을 가르치지 않는다면 큰 효과를 거두기 어렵다. 우리는 어려서부터 병균이 질병을 퍼뜨린다는 사실과(코로나19 팬데믹을 경험하며 더욱 뼈저리게 느끼고 있다), 손을 씻으면 병균을 없앨 수 있다는 사실을 배웠다. 그런데도 공중 화장실에서 손을 씻지 않고 나가는 사람들을 종종 본다. 우리 마을에 병균에 대해 아는 사람이 아무도 없다면 어떨까? 손 씻을 세면대가 하나도 없다면? 이런 습관들이 불러오는 무서운 역설은, 그렇게 많은 비용을 들여 얻은 깨끗한 물이 우물에서 퍼 올리기 무섭게 오염된다는 사실이다.

새로 만든 화장실의 상당수도 문제가 많았다. 매립형 화장실은 보통

공간이 좁고 어두우며 폐쇄된 형태여서 냄새가 많이 난다. 냄새나는 화장실이 더 위생적이라는 말은 어불성설이다. 그래서 많은 사람들은 뻥 뚫린 야외에 나가 볼일 보는 것이 더 위생적이라고 생각한다. 야외 화장실이 질병을 유발할 수 있고 인간의 배설물이 식수원으로 들어갈 수 있다는 사실을 아무도 설명하지 않는다면, 매립형 화장실은 손도 대지 않은 채 방치될 수 있다.

물의 10년이 시작될 때는 지역사회의 참여와 관련하여 많은 이야기들이 오갔다. 지역사회와 진정한 연대를 위해서는 단순히 그들과 대화하는 수준을 넘어 그들의 말을 경청할 필요가 있다. 특히 그 나라의 누군가가 주도하는 프로젝트는 더더욱 그래야 한다. 물의 10년 초창기에는 서둘러 우물을 짓는 데 급급했다. 해당 지역의 '물과 위생' 관련 비정부기구(NGO) 대부분이 위생 교육을 실시했지만 많은 사람들에게까지 전파되지 못했다. 가톨릭 구호단체 CRS에서 일할 때 주민들 집을 일일이 찾아가 의료 종사자들이 마지막으로 방문한 게 언제인지 물어보는 것도 내 역할이었다. 주민들의 대답은 보통 이랬다. "어떤 의료 종사자 말인가요?"

이런 문제에 정면으로 맞닥뜨리는 단체들이 있는가 하면 지나치게 방어적으로 대응하는 단체들도 있었다. 입 밖으로 꺼내지는 않았지만 속으로는 이렇게 자위했을 것이다. "그래, 우리는 좋은 일을 한 거야. 우리 덕분에 많은 사람들의 삶이 더 나아졌어. 그러면 된 거 아냐?"

어느 정도는 이해할 만하다. 그러나 물 부족 위기가 세계적으로 긴급하게 해결해야 할 사회 정의에 대한 중대한 도전이라는 점을 감안하면 더 이상 이런 사고방식에 매몰되어서는 안 된다.

이런 사고방식 때문에 이른바 '사회적 기업가(social entrepreneurs)' 개념이 전통적인 자선 활동과 구분된다는 것을 나중에야 알게 되었다. 사회적 기업가들은 자신들의 해결책이 문제를 해소하는지 지속적으로 평가하면서 목표를 달성하기 위해 어떻게 해야 할지 전략을 세운다. '예'라는 대답을 얻지 못하면 신속하게 새로운 해결책을 모색한다. 하지만 그때까지만 해도 '사회적 기업가' 개념이 제대로 정립되지 못한 상태였다.

내가 덴버의 그 일자리 때문에 CRS를 떠난 1989년은 물의 10년 막바지에 다다른 시점이었다. 세계은행의 어느 지도자는 물의 10년이 끝나고 1년 후에, "이 노력으로 절반은 채워지고 절반은 아직 비어 있는 컵 하나를 유산으로 남겼다"고 평가했다.[7] 축하할 만한 성과도 분명 있었다. 관심이 늘어나고 현명한 투자가 이루어진 덕분에 1980년에는 깨끗한 물을 이용할 수 없었던 13억 명의 인구가 1990년에는 이용할 수 있게 되었고, 7억 5천만 명이 처음으로 화장실을 사용하게 되었다.[8] 하루를 기준으로 계산하면 매일 추가로 36만 명이 안전한 물을 마시고, 매일 20만 5천 명이 위생 시설을 이용할 수 있게 된 것이다. 유엔에서 제정한 특정 연월일과 10년(5월 2일은 참치의 날인 것을 아는가)을 못마땅하게 여기는 사람들은, 공동의 목표를 선언하고 여기에 집중한다면 실제로 변화를 이끌어낼 수 있다는 사실을 꼭 기억하기 바란다.

그러나 이 모든 성공에도 불구하고 1980년의 18억 명과 비교하여 1990년에도 여전히 12억 명이 깨끗한 물을 이용하지 못하고 있었다. 그리고 화장실을 이용하지 못하는 인구도 17억 명으로 1980년의 수치와 거의 같았다. 어떻게 이럴 수 있을까? 우리의 노력이 인구 성장과 보조를 맞추지 못했다는 사실을 나중에야 깨달았다. 나아진 것 없이 나아지고 있다는, 역설적이면서도 예상을 뒤집는 결과였다. 각국 정부가 이 활동을 계속할 기금도 부족했다. "미국의 것을 구입하라!"는 규칙은 많은 낭비를 유발했다. 값비싼 부품을 주문해야 했고, 값비싼 기술자들이 값비싼 비행기 표를 구해서 날아와야 했다. 게다가 지구촌의 다양한 문제들로 인해 비용은 계속 치솟았다. 산업화의 폐해로 환경이 훼손되면서 깨끗한 물을 얻기가 더 어려워지고 비용도 늘어났다. 1980년대 초에는 세계 경제가 침체되면서 많은 정부와 비정부기구들이 물과 위생 시설에 투입할 자원도 그만큼 줄어들었다.

인구가 계속해서 증가하리라는 근거는 도처에 널려 있었다. 물 부족 위기에 대한 유엔의 관심과 재원이 점점 말라가는 것처럼 지난 10년 동안 건설된 우물들이 계속 고장나리라는 사실도 충분히 예상할 수 있었다. 물의 10년은 무언가의 시작이었다. 그러나 1990년대에 이르러서는 무언가의 종말처럼 보이기도 했다.

위기에 대처하기 위해 누군가는 새로운 전략을 찾아내야 했다. 우리 같은 꼬마 비정부기구가 게임의 방식을 바꾸겠다는 발상은 지나친 억측일 수도 있다. 하지만 원래 나는 앞날에 부닥칠 어려움에 연연하기보다 어떤 식으로든 문제를 해결하기 위해 적극적으로 달려드는 편이다. 내가 배운 것은 이랬다. 이 세상에서 무언가를 바꾸고 싶다면 일단 당신 앞에 놓인 장애물부터 극복해야 한다. 그리하여 하나의 장애물을 이겨내고 또 다른 장애물이 눈에 들어오면 다시 그것을 극복할 방법을 찾아야 한다.

이 교훈을 처음 배운 것은 고등학교 때 학교 운영진이 축구 프로그램을 폐지했을 때였다. 그때 나는 크게 상심했다. 운영진의 결정을 뒤집을 방법은 없었다. 그럼에도 나는 방법 찾기에 돌입했다. 프로그램 운영 계획과 예산을 수립했고, 우여곡절 끝에 교육위원회 안건으로 상정하여 연설까지 했다. 교육위원들은 내 생각에 동의했다. 그렇게 첫 장애물을 제거했다. 그런데 새로운 감독을 고용하는 데 필요한 자금을 지원해주지 않았다. 그래서 졸업반이던 1년 동안 내가 팀을 지도했다. 당신이 감독을 맡아 팀을 위해 얼마나 많은 시간을 할애해야 하는지 알게 되면 무척 놀랄 것이다.

대학교에 들어갔을 때는 우리 학교에 재직했던 신부님이 다른 대학교에서 학생들을 전 세계로 봉사활동을 보내는 프로그램을 만들었다는 소문을 들었다. 식수 시설과 학교, 의료 시설 등을 건설하는 데 도움을 주기 위한 목적이었다. 그런데 학생들이 모두 인문계 출신이어서 건설 활동에 어려움이 따랐다. 공학적 전문성이 필요했던 것이다. 그래서 나는 '국제 기술 지원을 위한 학생 공학 네트워크(SENITA)'를 만들었다. (이 명칭을 지을 때도 인문계 학생들의 도움을 받았더라면 더 좋았을 것이다.) 그리고 지원할 학생들과 조언해줄 교수들, 후원해줄 기술 전문 회사를 모집했다. 앞에서 언급한 과테말라 여행은 SENITA로 가게 되었다.

앞으로 어떤 위험이 닥칠지 그때는 알지 못했다. 한번은 과테말라에서 유기견 무리에 쫓기다가 물린 적도 있다. 광견병 예방접종이 필요했다. 집으로 돌아오던 날에는 과테말라의 비행기 한 대가 추락했다. 내가 탄 비행기가 아니라는 것을 확인할 때까지 우리 가족은 거의 제정신이 아니었다. 이때부터 어머니는 규칙을 하나 만들었다. 내가 학교에 무사히 도착할 때마다 집으로 지명통화(대화 상대를 지정하여 교환원에게 통화를 신청하는 방식-옮긴이)를 하여 체스터를 찾으라는 것이다. 체스터가 통화할 수 없는 상황이라고 어머니가 교환원에게 말하면 전화 요금을 내지 않고 나의 안부를 확인할 수 있었다. 게다가 어머니가 거짓말하는 것도 아니었다. 체스터는 원래 말을 할 수 없는 우리 강아지니까.

SENITA를 조직하고 교육하는 과정은 대성공이었고 다친 학생도 없었다. 덕분에 나는 이 프로그램을 주제로 지역신문과 TV 방송국 인터뷰도 했다. 이 경험을 통해 나는 어려운 문제에 대응하는 최선의 방법은 겁먹지 말고 밀고 나가는 것이라는 교훈을 얻었다. 그리고 내 안에 자리 잡은 이 교훈은 훗날 IPSW를 시작할 때도 밑거름이 되었다.

우리는 IPSW의 위기에 정면으로 대응하기 위해 새로운 전략을 마련했다. 번뜩이는 영감 덕분인지 아니면 논리적인 판단이었는지, 아무튼 우리는 단체 이름을 워터파트너스(WaterPartners)로 바꾸었다. 그저 듣기 좋으라고 선택한 이름이 아니다. 파트너십, 특히 식수 시설을 만드는 현지 단체들과의 파트너십이 우리 전략의 핵심이었다. 현지 식수원을 찾아내는 방법, 지역 주민들이 관리할 수 있도록 설계하는 방법, 위생에 대해 주민들과 터놓고 이야기할 수 있는 방법 등에 정통한 현지 전문가들이 바로 우리의 파트너였다.

물론 현지 단체들과 제휴하는 것이 우리만의 독창적인 발상은 아닐 것이다. 하지만 물과 위생 관련 NGO들과 현지 단체들의 파트너십은 지속적인 관계라기보다 '쓰고 버리는' 식에 가까웠다. 기부자들과 NGO들은 현지 최고의 파트너들을 엄격하게 평가하지 않았고, 따라서 파트너십이 오래 유지되지 못하는 것은 어찌 보면 불가피했다. 현지 파트너의 실행 능력이 부족하여 중도에 탈락하거나, 아니면 이들을 지원하는 NGO가 새롭고 흥미로운 프로젝트로 재원을 돌리면서 현지 파트너들을 버리거나 둘 중 하나였다.

워터파트너스는 다른 어떤 NGO들보다 최고의 현지 파트너들을 발굴하여 장기간에 걸쳐 긴밀한 협력 관계를 구축하기 위해 노력했다. 우리의 평가 방식은 매우 효과적이었고, 하나의 파트너를 발굴하기 위해 해당 부문의 단체 스무 곳을 검토했다. '인증된 파트너'로 선발된 단체의 실행 능력에 문제만 없다면 파트너십이 계속 유지되었다.

현지 파트너가 결정되면 간단한 식수 설비를 설계하는 일부터 같이 했다. 우물을 파고, 배관을 설치하고, 빗물을 모으는 등 어떤 경우든 복잡한 전기 펌프보다 수동 펌프나 중력으로 작동했다. 그리고 문제가 생기더라도 자체적으로 고칠 수 있도록 현지의 자재와 인력을 활용했다. 또한 지역사회와 협력하여 흔히 수도세라고 부르는 수도 요금을 징수해 식수 시설을 유지 관리할 위원회를 조직했다.

'지역사회와 연대'라고 하면 그저 실속 없이 듣기 좋은 말쯤으로 생각하는 사람들이 많다. 그러나 우리는 이것을 매우 진지하게 고민했다. 언젠가 아이티의 어느 마을에서 열린 축제에 참석한 적이 있다. 우리 파트너의 도움으로 건설한 식수 시설의 가동을 축하하는 행사였다. 여러 가지 다과가 차려졌고 행진 악대의 연주가 이어졌다. 우리와 파트너들, 프로젝트 리더들까지 뒤섞여 환담을 나누던 중 늘 하던 질문이 나왔다. "그래서 누가 주민들에게 수도 요금을 걷을 건가요? 그 돈을 어디에 보관하나요? 은행계좌가 있나요?" 대부분은 지역사회의 지도자들이 대답하는데, 이번에는 아무도 대답하지 않았다. 그래서 시설에 대해서도 물어보았다. "밸브 작동법을 아는 사람이 있나요?" 역시나 대답이 없었다.

참으로 어색한 순간이었다. 솔직히 말하면 끔찍한 순간이었다. 한편으로는 행사를 계속 진행해서 모든 사람들을 안심시킨 후 나중에 수습책을 강구하는 것이 낫겠다는 생각도 들었다. 하지만 그 자리에서 문제를 곱씹어보니 머잖아 식수 시설에 문제가 생겨 지역사회와의 약속을 충실히 이행하지 못할 것이 뻔했다. 그것을 알면서도 축하 행사를 계속하는 것은 배려가 아니라 생색 내기와 다를 바 없었다. 마치 깨끗한 물보다 마음의 상처를 받지 않는 것이 더 중요하다는 듯이 말이다. 우리와 지역사회 지도자들, 그리고 현지 파트너가 해야 할 일이 생겼다. 환담을 조금 나눈 후에 우리 파트너들이 시설 가동식을 조금 늦출 것이라는 불편한 소식을 전했다. 그리고 악대도 집으로 돌려보냈다.

힘든 순간이었다. 지금도 그때를 생각하면 몸서리가 쳐진다. 하지만 올바른 결정이었다. 나는 무엇 때문에 이런 실수가 생겼는지 오랫동안 곱씹어보고는 앞으로 더 완벽하게 해야겠다고 다짐했다.

감사하게도 그날과 같은 상황이 다시는 일어나지 않았다. 앞서도 말했듯이 장기적으로 성공적인 물 프로젝트는 채 50퍼센트도 되지 않았다.[9] 그에 비해 우리 워터파트너스의 성공률은 90퍼센트 이상이었다. 내가 참석했던 물 프로젝트 가동식 대부분은 기쁨으로 가득했고, 앞에서 소개한 사례보다 만족도가 훨씬 오래 지속되었다. 이런 지역사회는 주민들의 삶이 근본적으로 달라졌다. 여성들은 더 이상 물을 길으러 다니지 않아도 되니 일할 시간을 되찾았다. 소녀들은 학교를 다녔고, 수인성 질병으로 안타깝게 죽는 아동도 줄어들었다.

물 그 자체에도 소박한 기쁨이 있었다. 마침내 깨끗한 식수원을 확보하고 안전한 물을 부족함 없이 이용할 수 있게 되면, 처음에 주민들은 머뭇거리다가도 뜨거운 얼굴을 식히려 몇 방울을 얼굴에 튀겨보기도 하고 서로에게 뿌리며 장난도 치고 손바닥으로 흘려보기도 한다. 그렇게 신기해하고, 그렇게 감격한다. 스트레스와 질병과 심지어 죽음을 일으키던 무언가가 갑자기 기분을 즐겁게 하고 생명을 지키는 원천이 되었으니 말이다.

축하 행사가 있는 날이면 나는 항상 아내가 만들어준 현수막을 들고 참석한다. 아내는 현수막에 스페인어로 이렇게 적었다.

"del agua priviene la vida!(생명은 물에서 솟아난다!)"

물을 쉽게 이용할 수 있게 되면 지역사회도 변한다. 그런데 놀랍게도 물 프로젝트를 시행하는 과정에서도 그런 효과가 나타나는 것을 목격했다. 이 프로젝트는 이를테면 미국의 기술자들이 낙하산을 타고 내려와서 자리를 정리하고 우물을 파고 뒷일을 처리하는 식이 아니었다. 이것은 진정한 의미에서 지역사회의 노력이라고 할 수 있었다. 우리의 도움을 받아 지역사회가 자체적으로 중력식 식수 시설을 건설하고 운영했다. 공동의 이익을 유지하기 위해서는 주민들이 함께 참여하고 협력해야 했다. 이처럼 책임과 기회를 공유하는 일을 미국에서 더 많이 경험해보고 싶기도 하다. 이것은 단순한 '물 프로젝트'가 아니었다. 이것이야말로 가장 순수한 형태의 민주주의였다. 식수관리위원회 위원을 선출하는 것이 상당수 마을 주민들에게는 첫 투표 경험이기도 했다.

깨끗한 물을 이용할 수 있게 되면 우리가 측정할 수 있는 것보다 훨씬 다양한 방식으로 지역사회의 생활양식이 변화한다. 그중 가장 중요하고 고무적인 것이 여성의 역할 변화이다. 깨끗한 물이 부족하면 언제나 현지의 여성들이 가장 큰 영향을 받는다. 물 때문에 여성들의 삶이 무시당하고 더 나아가 부당한 대우를 받는다. 또한 인간으로서 당연히 누려야 할 인권과 권능도 앗아간다. 아는 것이 힘이라고 하는데, 깨끗한 물이 부족하면 여성들이 학교에 갈 시간이 없으므로 배움의 기회마저 박탈당한다. 돈도 권능을 낳는데, 깨끗한 물이 부족하면 돈을 벌 기회조차 빼앗긴다. 깨끗한 식수원이 만들어지면서 그 모든 상황들이 놀라운 방식으로 역전되었다. 물은 여성의 일이라는 인식이 강하다 보니 식수관리위원회 의석의 상당수를 여성들이 차지하고 일부는 의장 역할도 수행했다. 그만큼 지역사회의 주요 자원에 대한 여성들의 권한이 강화된 것이다. 또 어떤 여성들은 공공보건 단체를 결성하여 깨끗한 식수 공급을 더욱 확고하게 뒷받침했다. 여성들은 한때 박탈당했던 권능을 되찾았고, 직접 대화를 나눠보면 그들의 달라진 태도를 확실히 느낄 수 있었다. 언젠가 여성들이 운영하는 어느 지역사회 단체 회의에 남성도 참석할 수 있느냐고 물었을 때 돌아온 대답은 평생 잊을 수 없다.

"그럼요, 당연하죠. 뒷자리에 조용히 앉아 있기만 하면요."

워터파트너스가 성장하면서 나는 커다란 희열을 느꼈다. 하지만 늘 걸림돌이 되는 문제도 있었다. 바로 돈이었다.

나는 일에 대해 이야기하는 것보다 직접 일하는 게 훨씬 편한 사람이다. 연설이나 인터뷰를 하려면 늘 신경이 곤두선다. 특히 사람들 앞에서 그들이 힘들게 번 돈을 내놓으라고 요구할 때는 더욱 부담스럽다. 그러나 해야 하는 일이라는 것을 잘 안다. NGO를 위한 모금은 실존적인 문제이다. 그래서 용기가 필요할 때마다 나는 항상 이 격언을 되뇐다. "선한 사람들이 아무것도 하지 않으면 악이 번성한다." 연설할 때마다 이 격언이 용기를 북돋웠고 시간이 흐를수록 말솜씨도 점점 좋아졌다.

성장 속도가 처음부터 빨랐던 것은 아니다. 캔자스시티와 채플힐의 만찬 행사를 미국의 여러 도시로 확대하면서 더 많은 기부를 요청하는 서한을 보냈다. 성과가 점점 늘어나면서 더 큰 투자자들, 이를테면 재단 같은 곳에도 구애하기 시작했다. 한번은 어느 기부자가 2만 5천 달러짜리 수표를 보내왔다. 믿어지지 않았다. 1년 전 모금액보다 무려 5배나 많은 액수였다.

기금이 들어오니 전문화도 가능했다. 조금 거창한 표현일 수도 있지만, 우리의 첫 '본부'도 지었다. 베키와 내가 채플힐에서 살던 집의 2층을 증축하여 우리의 본부로 삼았다. 그래도 제법 사무실 느낌이 났다.

본부를 지으려고 공사업체와 계약한 것은 아니다. 어느 토요일에 자원봉사자들을 모아 우리 집 지붕의 절반을 걷어내고 그 자리에 사무실을 만들었다. 월급도 받았다. 한 달에 100달러였지만. 그리고 인터넷이 대세인 만큼 웹사이트도 만들었다. 즉흥적으로 도메인도 등록했는데, 핵심을 그대로 살린 이름이었다. 'water.org.'

1998년에는 워터파트너스에서 25만 달러를 모금했다. 1달러도 소중했던 우리에게는 너무도 큰돈이었다. 기금을 늘리는 가장 쉬운 방법은 정부 보조금을 신청하는 것이었다. 그러나 나는 결코 이 길을 따르고 싶지 않았다. 아마도 1980년대에 물과 위생 개발 부문의 현실을 바라보면서 환멸을 느낀 탓이다. 보조금을 받으면 우리 스스로 최선의 방법을 찾는 것이 아니라 방향이 잘못되었더라도 누군가의 지시대로 이행해야 할 것 같았다. 나는 워터파트너스의 독자적인 미래를 꿈꾸며 계속 민간 기부자들을 찾았다.

우리에게 아주 큰 기회를 제공해준 사람이 최근에 자신도 일생일대의 기회를 경험했다. 바로 가수 '쥬얼(Jewel)'이다. '후 윌 세이브 유어 소울(Who Will Save Your Soul)'이라는 히트곡을 냈고, 1990년대 중반 데뷔 앨범이 사상 최고의 베스트셀러가 되었던 그 쥬얼 말이다. 그녀는 알래스카의 수도도 연결되지 않은 어느 집, 그것도 뒷마당 별채에서 자랐다. 나는 쥬얼이 물과 위생 문제에 관심이 많다는 사실을 말라에게 들었는데, 그녀가 쥬얼에게도 연락했다. 쥬얼은 우리를 흔쾌히 만났고, 그녀가 조직한 단체 클리어워터 프로젝트(The Clearwater Project)도 이후 오랫동안 좋은 관계를 유지했다. 쥬얼은 3년이 넘는 동안 우리에게 40만 달러를 기탁했다. 너무도 고마운 일이었다. 이처럼 꾸준한 기금은 NGO의 생명줄과 같다. 재원이 있으면 사전에 계획하고 현명하게 투자할 수 있기 때문이다.

그 무렵 냅스터(Napster)가 등장했다. 우리가 예산에 가장 큰 위협이 무엇인지를 평가하기 위해 경영 컨설턴트를 고용했다면(그러지 않았지만), 어쩌면 불법 복제 음악 스트리밍 사이트가 세상에 등장하는 일은 없었을지도 모른다. 음악을 무료로 다운로드할 수 있는 냅스터로 인해 음악 산업 전체가 휘청거렸다. 많은 음악가들이 고통받았으며, 쥬얼의 돈(우리의 쥬얼 머니)도 사라져버렸다. 나중에 밝혀졌듯이 냅스터는 음악 산업만 망친 게 아니었다. 작은 NGO의 예산에도 큰 구멍을 냈다. 나는 어쩔 수 없이 낡은 왜건 자동차를 타고 미국 전역을 돌아다니며 오랜 기부자들을 저녁 식사에 초대해 다시 후원해달라고 애걸복걸해야 했다.

냅스터로 인한 예산의 구멍을 메워준 사람은 와이넷 라브로스(Wynette LaBrosse)라는 여성이었다. 그녀는 남편과 함께 피니사(Finisar)라는 IT 회사를 설립했다. 차를 타고 모금 여행을 하던 중 누군가 팰러앨토에서 그녀와 저녁 약속을 잡아주었다. 그 자리에서 그녀는 쥬얼의 부족분을 채우고도 남을 만큼의 기부를 약속했다.

하지만 그렇게 모은 기금도 얼마 지나지 않아 바닥났다.

그때 마이클 & 수전 델 재단(The Michael & Susan Dell Foundation)이 나타나 우리에게는 사상 최고액을 투자해주었다.

기술이 주고, 기술이 빼앗고, 다시 기술이 주고…….

몇 년에 걸쳐 기부액이 늘어났지만 충분하지는 않았다. 시작을 기다리는 수많은 훌륭한 프로젝트들, 당장 삶을 바꿀 수 있는 수많은 프로젝트들, 필사적으로 자금 유치를 바라는 수많은 프로젝트들이 있었지만 실행할 수 없었다. 돈이 없었기 때문이다.

그 당시에 나는 워터파트너스에 문제가 있다고 보았고, 모금 방식을 개선한다면 충분히 해결할 수 있다고 생각했다. 그러기 위해 나는 더 유능한 선전자가 되어야 했다. 하지만 지금 돌이켜보면 그때 우리가 겪었던 어려움은 기금 모금이 생각보다 훨씬 크고 복잡한 문제라는 것을 상징적으로 보여주었다.

최근의 추정치에 따르면 물 부족 위기를 해결하는 데 향후 10년간 매년 1,140억 달러가 소요될 것이라고 한다.[10] 현재 물과 위생 문제에 투입되는 총 개발 원조 비용은 연간 284억 달러를 조금 넘는 수준이다. 이것은 다음 10년 동안 5천 억 달러 이상의 부족분을 메워야 한다는 뜻이다.[11]

뉴욕타임스 기고가인 데이비드 본스타인(David Bornstein)은 자선 우물 프로젝트로 물 부족 위기를 해결하겠다는 생각은 "세계의 교통 문제를 해결하기 위해 '고속도로 입양 방식(adopt-a-highway, 자원봉사자들이 고

속도로의 일부 구간을 맡아 관리하는 방식-옮긴이)'을 적용하는 것"과 같다고 말했다.[12] 말하자면 운에 달렸다는 뜻이다.

내 방식이 실패할 운명임을 깨달으면 패배감에 젖기 쉽다. 그러나 한편으로는 흥미진진한 일이기도 하다. 이런 상황일수록 나는 익숙한 문제도 새로운 관점에서 바라보았다. 그렇게 돌파구를 찾는다.

"선한 사람들이 아무것도 하지 않으면 악이 번성한다."

- 에드먼드 버크

3장

빅
아이디어

시점

개리 화이트

공학도인 내 머릿속에는 획기적인 발전이 새로운 기술의 진보에서 비롯된다는 사고방식이 프로그래밍되어 있었다. 하지만 내 본연의 사고방식은 그렇지 않았다. 물 부족 위기와 관련해 내가 알고 있는 것들을 전부 뒤집어버린 사건이 있었다. 2003년 인도 하이데라바드를 방문해 빈민촌의 한 여성과 이야기를 나눌 때였다.

그녀의 이름을 잊어버려 너무 안타깝다. 그때는 얼마나 중요한 순간인지 깨닫지 못했다. 하지만 그녀의 모습은 지금도 또렷하게 그릴 수 있다. 70대로 보이는 노인이었는데 몸을 움직일 때마다 여기저기 아픈 듯했다. 노인의 판잣집이 있는 빈민촌은 바위투성이 언덕에 자리 잡고 있었다. 온통 울퉁불퉁한 바위에 경사도 심해서 개발업자들도 난감해

했다. 멀리서 바라보면 판잣집들이 지붕 위로 켜켜이 쌓여 있는 듯했다.

빈민촌에는 공중화장실이 없었고, 화장실이 딸린 집도 드물었다. 그래서 오물이 집으로 흘러 들어오지 않도록 하던 관행이 있었다. 마을 저지대에 놓인 기찻길 주변으로 내려가서 볼일을 해결하는 것이었다.

남성들은 언제든 하루 종일 돌아다닐 수 있었다. 그러나 여성들은 두려움과 사생활 침해 문제로 걱정거리가 많았다. 인도는 여성 성폭력 세계 1위이고 비성적 여성 폭력도 세계 3위였다. 화장실을 이용하기 어려운 인도 여성들이 낯선 사람에게 성폭행당할 확률도 2배 이상 높았다.[1, 2] 따라서 여성들은 보통 어두울 때 볼일을 해결했다. 그러기 위해서는 하루 종일 참아야 했고, 밤이 될 때까지 버티려면 음식과 물을 제한할 수밖에 없었다. 그러다 한밤중이 되면 바윗길을 밝힐 가로등이나 손전등조차 없이 가파른 언덕을 내려와야 했다.

이 정도면 누구에게나 위험한 상황이다. 게다가 내가 만난 노인에게는 육체적 고통이 따르는 일이었다. 그녀는 용변조차 감당하기 어려운 몸이었다. 그래서 집에 화장실을 설치했다. 나는 화장실을 어떻게 설치했는지 물었다. 그 당시 인도에서 화장실을 설치하려면 수백 달러가 들었는데 빈민층이 그 돈을 마련하기는 쉽지 않았다. 노인은 대출을 받았다며 매달 얼마를 갚아야 하는지도 설명해주었다.

나는 노인의 금리를 계산해보았다. 숙소에 돌아와서도 다시 계산해봤다. 아무래도 무언가 착오가 있는 게 틀림없었다. 나도 몇 년 전에 집을 사려고 대출을 받았다. 그때 금리는 약 5퍼센트였다. 이 노인은 소액대출을 받았다. 나의 대출금에 비하면 극히 적은 돈이었다. 그런데도 금리가 무려 125퍼센트였다.

이런 일이 어떻게 가능하단 말인가? 나는 공정 대출을 통해 방이 3개 딸린 집을 장만했는데, 이 여성은 매일의 고통을 해결할 화장실 하나를 설치할 돈을 빌려주는 금융기관이 없어 결국 사채업자를 찾아간 것이다.

돌아오는 비행기 안에서 생각하고 또 생각했다. 나를 포함해 물과 위생 부문에서 일하는 사람들은 이 노인처럼 사채업자들에게 넘겨진 사람들의 고통을 목격했고, 그들에게 자선이 필요하다고 생각했다. 비영리단체인 우리라도 나서서 해결책을 마련해야 했다. 솔직히 말해 완벽하지도 않고 시간도 고통스러울 정도로 많이 걸렸지만 결국 문제를 해결했다.

이 노인은 자신이 처한 물과 위생 문제를 해결하기 위해 굳이 누군가를 기다릴 필요 없다는 것을 우리에게 보여주었다. 그녀는 자신에게 돈을 빌려줄 사람이 필요했고, 그것을 스스로 해결했다.

인도에서 얻은 깨달음으로 내가 무엇을 했는지는 잠시 후에 다시 설명하겠다. 그보다 먼저 그날 빈민촌에서 대화를 나누면서 깨달은, 물 부족 위기와 관련해 우리가 꼭 알아야 할 중요한 사실이 있다. 빈민촌에

사는 사람들이 물을 얻기 위해 터무니없이 많은 비용을 지불한다는 점이다. 실제로 빈민층은 상수도 설비를 갖춘 중산층보다 훨씬 많은 대가를 지불한다. 그곳이 도시든 시골이든, 물이 풍부하든 부족하든 상관없이 말이다.

빈민촌 사람들 대부분은 유조차로 물을 공급받는다. 이것이 물을 취급하는 거대한 암시장이라고 생각해보자. 아니면 회색시장에 가까울 수도 있다. 지역 당국은 지역사회에 물을 공급할 유일한 방법이라고 판단하여 유조차를 승인할 수도 있다. 어떤 경우이든 유조차는 빈민들을 등쳐서 많은 이윤을 창출한다. 빈민들이 유조차에 착취당하는 비용은 수도 시설을 통해 수도꼭지로 물을 공급받는 것보다 10~15배나 비싸다. 심지어 뭄바이에서는 트럭에 실어온 물의 가격이 52배나 비싸다.[3] 수입의 20퍼센트를 물을 사는 데 지출하는 사람들도 있었다. 1년에 5만 달러를 벌어들이는 미국의 평균적인 가구가 매년 물을 사는 데 1만 달러를 지출하는 격이다. 냉장고에 최고급 생수를 쌓아놓고 매일 10여 리터씩 마셔도 이보다 비싸지는 않을 것이다. 그만큼 빈민층의 가계에 심각한 타격을 주지만 지출하지 않을 수도 없다. 물이 없으면 생명이 위협받기 때문이다. 유조차로 물을 공급받는 한 여성은 이렇게 말했다. "돈이 얼마가 들든 우리는 내야 합니다. 다른 방법이 없으니까요."[4]

이런 지역에서 화장실을 설치할 돈이 없는 가구는 공중화장실을 이용하기 위해 하루에도 여러 번 주머니를 털어야 한다. 평생 동안 위생에 지출하는 돈이 화장실 하나를 설치하는 것보다 훨씬 많다. 어떤 사람들은 공중화장실 이용료를 아끼려고 아예 야외에서 볼일을 본다. 앞서도 말했듯이 그 때문에 비싼 비용을 들여 마시는 바로 그 물이 오염된다. 따라서 이런 지역사회는 또 다른 비용까지 감당해야 한다. 바로 의료비. 일부 빈민촌에서는 한 번 병원을 찾는 데 15달러 가까이 드는데, 하루 2달러로 살아가는 사람들의 일주일치 임금보다 많은 돈이다.

가난하면 돈도 많이 든다.

우리는 이런 지출을 '대처 비용(coping costs)'이라고 부른다. 지속 가능한 해결책을 수립할 자금이 부족한 지구상에서 가장 가난한 사람들이 매일 엄청난 비용을 쓰고 있다.

오히려 앞에서 제시한 수치들은 실제 비용보다 적게 평가한 것이다. 대처 비용은 오직 현금으로, 정해진 시간에 지급되기 때문이다. 실제로 나는 이 문제를 주제로 대학원 논문을 썼다. 이 논문에 부족한 물과 위생 시설에 허비되는 노동 비용을 계산해서 넣으려고(주로 그 일을 담당하는 여성을 대상으로 했다) 연구팀과 함께 온두라스 테구시갈파 인근의 빈민촌으로 향했다. 연구원들은 각각 다른 공중식수대를 찾아가 주민들이 이곳까지 걸어와서 물을 길어 다시 집으로 돌아가기까지의 시간을 기록했다. 그리고 이 지역의 임금 수준을 바탕으로 낭비되는 노동력의 실제 가치를 평가했다. 그다음 식수대 하나를 설치하는 비용과 하나의 식수대로 절감할 수 있는 노동력의 가치를 비교함으로써 시 당국에서 설치해야 할 식수대의 수를 계산했다. 그 결과 시 당국은 거의 모든 가구에 하나씩 식수대를 설치해야 한다는 결론에 도달했다.

위기에 대처하기 위해, 사람들은 하루 종일 걷고 서서 기다린다. 위기에 대처하기 위해, 사람들은 몇 시간이나 물을 지고 나른다. 위기에 대처하기 위해, 사람들은 더러운 물이라도 구하려고 터무니없이 많은 돈을 지불한다. 그 결과, 위기에 대처하기 위해, 사람들은 병원비를 지불한다. 위기에 대처하기 위해, 사람들은 사채업자들에게 턱없이 높은 이자를 지불한다. 매년 전 세계에서 쏟아붓는 대처 비용이 3천억 달러에 이른다. 이런 사실을 깨닫는다면 물 부족 위기가 더 이상 자선 행사처럼 보이지는 않을 것이다. 그보다 시장의 실패처럼 보이기 시작한다. 그 시스템 속에는 어마어마한 돈이 있지만, 많은 돈이 낭비되고 잘못 배분된다. 이 대처 비용을 유조차에서 나오는 더러운 물과 같은 단기적인 미봉책이 아니라 가정의 수도꼭지처럼 영구적이고 비용 면에서 효율적인 해결책으로 전환할 수 있다면, 사람들은 단순한 대처가 아니라 훨씬 양질의 삶을 누릴 수 있을 것이다. 그리하여 평생 자신들을 옥죄는 상황에 저항하고 언젠가는 탈출할 것이다.

나는 물 부족 위기를 종식하기 위해 주로 미국인들의 투자를 끌어내는 데 10년 이상 매진해왔다. 그러나 투자 의지와 능력이 가장 뛰어난 사람들은 내가 현지를 여행할 때 늘 내 앞에 있었다. 내가 알아채지 못했을 뿐⋯⋯.

느닷없이 그 아이디어가 떠올랐다. 내용은 단순했다. 빈민들이 소액의 공정 대출을 받을 수 있다면 그 자금을 훨씬 더 영구적인 해결책에 투입할 수 있을 것이다. 그리고 그동안 대처 비용으로 지출했던 돈으로 대출금을 상환할 수 있다.

왜 돈을 빌려주는가? 선물처럼, 보조금처럼, 그냥 주면 되지 않는가? 충분히 나올 법한 질문이다. 그러나 오랫동안 기금을 조성해온 나는 여러 프로젝트에 더 많은 보조금을 지급하는 방법이 어떤 결과를 초래하는지 잘 알고 있다. 돈은 늘 부족하다. 무상으로 주면 영원히 사라져버리고, 우리는 다시 원점으로 돌아가야 한다. 그러나 대출은 갚아야 한다. 갚은 돈은 다른 누군가에게 갈 수 있다. 이렇게 작은 대출이 같은 규모의 보조금보다 훨씬 많은 사람들에게 훨씬 큰 혜택을 줄 수 있다.

생각이 여기에 미치자 모든 것이 분명해 보였다. 공학도가 보기에 이것은 매우 좋은 징조였다. 일반적으로 설계가 단순할수록 실제로 작동할 가능성이 높은 법이다. 그러나 위험 신호도 없지 않았다. 그렇게 좋은 아이디어를 왜 다른 사람들은 실행하지 않을까? 물과 위생을 둘러싼 재무 역학에 무슨 큰 비밀이 숨어 있는 것은 아니다. UNC의 대학원 과정에서도 공학 못지않게 재무학에도 역점을 두었다. 우리 학부에서 진행된 연구의 상당수는 세계은행에서 재정 지원을 받았고, 물과 위생 서비스를 이용하고자 하는 사람들의 '지출 의지 및 능력'에 초점이 맞춰져 있었다. 물 부족 위기에 대한 연구와 분석이 새로운 재무 주도형 해법에 초점이 맞춰질 수 있다는 분위기가 학계에서도 감지되었다.

그래서 생각하면 할수록 잘되리라는 확신이 들었다. 그렇다고 유레카를 외칠 단계는 아니었다. 내가 놓치고 있는 무언가가 함정처럼 도사리고 있는지도 모른다. 나는 이 아이디어를 현실에서 시험하고 그 결과를 학문적 수련과 연계하여 증거 기반을 만들고 싶었다.

그러나 첫 시도부터 어려움에 직면했다. 케냐에서 활동하던 우리의 NGO 파트너 중 한 곳에는 물 프로젝트를 요청하는 서류가 잔뜩 쌓여 있었다. 합리적인 기간 안에 우리가 감당할 수 있는 범위를 한참 벗어나는 수준이었다. 그래서 2003년에 새로운 방법을 시험해보기로 했다. 몇몇 NGO에 자금을 빌려주면 대출 형태로 여러 지역사회에 투입하는 것이었다. 공짜 우물을 기다리는 마을은 적게는 몇 년에서 많게는 수십 년씩 기다릴 수도 있다. 하지만 우물을 운영하여 건설비를 상환하는 조건이라면 즉시 건설할 수 있었다. 이론적으로는 충분히 가능했다. 이 프로젝트가 완성되면 마을 사람들은 더 이상 대처 비용을 낼 필요가 없고, 물이 공급되기 시작하면 마을에서 적정 수준의 수도 요금을 징수해 대출금을 상환하면 된다.

몇몇 마을이 대출을 신청했다. 하지만 뒤이은 상황은 재앙이었다. 아니, 정확히 말하면 재앙의 연속이었다. 시작부터 일이 꼬였다. 한 마을은 수도 시설을 가동하기 위해 전기가 필요했는데 전선 가설 작업이 계속 지연되었다. 전기 지연 문제는 개발도상국에서 흔히 일어나는 일이었다. 그래서 대출이자를 청구할 시기가 되었는데도 마을은 수도 요금을 징수하지 않았다. 물도 나오지 않는데 수도 요금을 징수할 수는 없는 노릇이었다. 결국 마을은 새로운 사람들에게 식수 시설을 맡겼다. 그들과는 애초에 대출 계약을 맺지 않았으니 상환 의무도 없었다. 게다가 우리와 NGO 파트너들이 다른 지역사회에는 무료로 물 프로젝트를 지원했는데, 왜 자기들만 돈을 낸단 말인가? 이렇게 상환을 거부하면 어떻게 대처해야 하는가? 우리와 파트너들 모두 케냐에서 이 합의를 강제할 아무런 법적 장치가 없었다.

하루가 끝날 무렵에서야 겨우 절반가량을 돌려받았다. 대출, 특히 극도로 가난한 지역에서 대출은 정말로 어려운 일임을 절감했다. NGO로서는 참으로 쉽지 않은 일이지만, 아무튼 주민들에게 돈을 갚아야 한다는 인식을 심어줄 필요가 있다. 그리고 위험을 평가해서 어느 정도까지 허용할지 판단하고, 위험을 완화할 모든 수단을 강구하기 위해서는 방대한 전문성을 갖춰야 한다. 워터파트너스와 우리의 NGO 파트너들도 전문성과는 거리가 멀었다.

얼마 뒤 워터파트너스 사무실 곳곳에 새로운 주문이 등장했다. "너희가 NGO를 은행으로 바꿀 수는 없는가?"

결과적으로 우리가 큰 발견을 한 것이다.

물론 실패가 기분 좋을 리는 없다. 그러나 이번에는 그마저도 발전한 것처럼 느껴졌다. 좋은 아이디어 속에 도사리고 있는 문제점을 해결하려면 먼저 어떤 문제점인지 찾아내야 한다. 우리는 이런 지역에 지속적으로 돈을 빌려줄 방법을 모른다. 논리적으로 그다음에 이어질 질문은 이것이었다. "그럼 누가 아는가?"

　이 질문에 해답이 될 수 있는 모범 사례가 있다. 잠시 1976년 방글라데시 남부의 어느 마을로 돌아가 보자. 젊은 경제학 교수가 연구를 위해 이 지역을 방문했다. 그의 이름은 무하마드 유누스(Muhammad Yunus)였다. 이 이름을 들어본 적이 있을 것이다. 몇 년 뒤 유누스 교수는 이 마을에서 시작한 활동으로 노벨 평화상을 수상했다.

　몇 년 전의 기근으로 나라 전체가 황폐화된 모습을 지켜본 유누스는 빈곤 억제에 주력하기로 결심했다. 그리고 이 지역사회에서 가장 빈곤한 주민들과 대화를 나눠보려고 이 마을을 찾았다. 그는 대나무로 가구를 만들어 생계를 유지하던 수피야라는 여성과 대화를 나눴다. 그녀는 원자재를 살 돈이 없어 지역 상인에게 빌린 대나무로 가구를 만들어 상인에게 되판다고 했다. 상인은 생존에 필요한 만큼의 돈만 지불할 뿐이어서, 원자재를 구입할 돈을 저축하기는 어려웠다. 유누스는 수피야의 상황이 노예와 다를 바 없다고 생각했다. 의존적인 거래 관행에서 벗어날 수 있도록 수피야에게 대나무 살 돈을 대출해줄 사람이 없는 것이 문제였다. 유누스는 이와 비슷한 사례를 많이 접했다. 그는 이 마을에서 수피야와 비슷한 상황에 처한 사람들이 몇 명이고, 그 상황에서 벗어나려면 어느 정도의 대출이 필요한지 파악하라고 연구조교에게 지시했다.

일주일 뒤 조교는 42명의 명단을 보여주었다. 그들에게 필요한 금액은 미화로 27달러 정도였다. 한 사람당 27달러가 아니라, 그 사람들 모두를 합쳐서 27달러였다. "세상에, 세상에." 유누스는 놀라움을 금할 수 없었다. "이 모든 가족의 비극이 고작 27달러가 없어서였다니!" 유누스는 조교에게 돈을 건네면서 필요한 사람들에게 빌려주고 형편이 되는 대로 갚으라고 했다. 이자는 요구하지 않았다.[5] 유누스에게는 42명의 채무자가 생겼고, 그들 모두 1년 안에 돈을 갚았다.[6]

유누스 교수에게는 이 사업을 대규모로 확장할 자금이 없었다. 그래서 지역 은행을 찾아가 주민들에게 소액대출(microloans)을 해달라고 요청했다. 은행원은 거의 비웃듯이 그를 사무실 밖으로 내보내려 했다. 그러면서 가난한 주민들은 서명할 줄도 모르고 담보도 없는데 은행이 어떻게 대출을 해줄 수 있겠냐고 되물었다.[7] 그래서 유누스는 고위직을 찾아가 해결책을 협의했다. 유누스가 보증인이 되면 은행도 대출을 해줄 수 있다는 것이었다. 이후 1년 동안 유누스는 마을의 모든 대출 신청서에 개인적으로 서명했다. 그러면서 그는 무언가를 궁리하고 있었다.

유누스는 자신의 비공식적인 활동을 2개의 마을로, 10개의 마을로, 100개의 마을로 확장하다가 마침내 자신의 은행을 설립하기로 결정했다. 극빈민촌에 사는 사람들은 빌린 돈을 절대 갚지 않는다는 신념을 가지고 있던 방글라데시 정부 및 중앙은행과 2년 동안 줄다리기 협상을 한 끝에 그는 그라민 은행(Grameen Bank)의 설립 인가를 받아냈다.

그는 빈민들을 대상으로 한 대출 위험을 낮추기 위해 새로운 기법들을 연구했다. 이를테면 상환액을 더 잘게 나눠 자주 갚는 것도 한 가지 방법이었다. 이런 식으로 서로 조언하고 지원하는 대출자 모임이 만들어졌다. 매주 은행 대표자들이 지역사회에 파견되어 주민들의 문의 사항에 답변해주고 상환액도 징수했다.[8]

이 전략은 성공적이었다. 20년 동안 그라민 은행의 사업 영역은 방글라데시의 4만 개 마을로 확장되었다. 대출자 수는 240만 명으로 늘어났으며 그중 95퍼센트가 여성이었다. 많은 여성들에게는 대출받는 것 자체가 용기를 북돋우는 일이었다. 로히니 판데(Rohini Pande)와 에리카 필드(Erica Field) 교수는, 가난한 여성에게 이것은 "어쩌면 가사일을 벗어나 외부 세계, 특히 다른 여성들과 교류할 수 있는 첫 기회일지도 모른다"고 지적했다.[9]

그리고 이것이 세상을 바꿀 수도 있다. 빈곤 가정의 자녀들이 제대로 교육받지 못하는 나라에서 그라민 고객의 자녀들은 거의 모두 학교에 다니고 있었다. 1997년 방글라데시 지방선거에서는 2천 명 이상의 그라민 회원들이 지방의원으로 선출되었다.[10]

참으로 믿기 어려운 이야기다. 나에게 무하마드 유누스는 영웅이었다. 아니 그는, 삶을 획기적으로 바꾼 전 세계 수많은 사람들의 영웅이며, 그의 소액금융(microfinance) 모델을 활용하여 다양한 문제를 해결하고 있는 수많은 단체들의 영웅이다. 그라민 은행의 성공 이후로 많은 단체들이 그 길을 따랐다. 나는 CRS에서 일할 때도 소액금융이 성장하는 모습을 두 눈으로 확인했다. 그리고 2003년 인도의 빈민촌에서 그 노인과 대화할 무렵에는 소액금융 이용자가 전 세계에서 1억 명을 넘어섰다. 이 사업은 처음 시작된 방글라데시뿐 아니라 이웃 나라 인도에서 특히 활발했다.

공교롭게도 워터파트너스가 지역사회 대출 파트너들을 찾기 시작할 무렵에 이 소액금융이 크게 활기를 띠고 있었다. 유엔은 2005년을 '세계 소액금융의 해'로 지정했다. 2004년부터 2006년까지 세계 소액금융 시장의 규모는 2배로 커졌다.[11]

2006년 유누스 교수가 노벨상을 수상할 때 시상식장에는 이런 내용이 울려 퍼졌다. "어떠한 재정적 담보도 없는 빈민을 위한 대출은 불가능한 발상으로 여겨졌습니다. 불과 30년 전에 초라하게 시작한 유누스 교수는 그라민 은행을 통해 소액창업대출(micro-credit)을 빈곤 퇴치의 가장 중요한 수단으로 발전시켰습니다."

소액금융기관(줄여서 MFIs라고 부른다. 한때 우리는 이 예닐곱 음절을 모두 말하기조차 어려울 정도로 이 기관을 입에 달고 살았다)은 여러 측면에서 완벽한 파트너처럼 보였다. 이들은 주로 물 부족 위기가 심각한 지역에 집중했고, 어려운 상황에서도 지속적으로 대출해주었다. 비록 서로의 역량은 다르지만 우리의 목표는 동일했다. 우리와 마찬가지로 소액금융기관들도 이윤보다 사회적 선(social good)을 추구하는 것!

나는 또 생각했다. 물과 위생 관련 대출도 성공하지 말란 법이 없다는 것을 말이다.

그런데 2개의 커다란 장벽이 가로막고 있음을 금방 알아차렸다.

첫 번째 장벽은 MFIs가 전체 지역사회가 아니라 개인이나 작은 집단에게만 대출해준다는 점이었다. 그것이 전략적 핵심이기도 했다. 소액대출은 책임감과 소유 의식이 확실한 개인들을 대상으로 해야 효과적이기 때문이다. (단체에 빌려주려면 다양한 위험을 규명하고 관리할 수 있는 강력하고 효율적인 시스템이 필요했다.) 다시 말해 대출받은 사람들은 상환 의무가 수백 명에게 분산되지 않아야 책임의식을 가질 가능성이 높다는 뜻이다.

반면 워터파트너스는 각각의 가구가 아니라 지역사회 전체를 대상으로 물과 위생 문제를 해결하기 위해 노력해왔다. 더 많은 사람들에게 더 효율적으로 다가가기 위한 최선의 방법을 찾아야 하는데 고작 몇몇 사람들만 지원하는 방식이라면 앞뒤가 맞지 않았다. 하지만 케냐에서 첫 대출을 시행하고 MFIs가 옳다는 것을 깨달았다. 상환에 대한 책임의식과 동기가 약한 작은 지역단체에 대출해주는 것은 효과가 없었다. 그리고 얼마 지나지 않아 많은 가구들이 50~500달러의 소액대출로도 물과 위생 문제를 해결할 수 있다는 사실도 확인했다.[12]

빈민촌에는 발밑으로 상하수관이 묻혀 있는데도 연결하지 않은 가구들이 많다. 소액대출이면 이런 사람들도 수도꼭지와 변기를 상하수

시설에 연결할 수 있다. 전기나 수도 같은 공공시설이 아직 공급되지 않은 시골 지역은 물을 얻기 위해 빗물 저류 시설을 설치하거나 집 안에 작은 우물을 팔 수도 있다. 또 오수를 지하에서 안전하게 분해하고 처리하기 위해 주기적으로 비울 수 있는 매립형 화장실과 정화조를 설치할 수 있다. 이 모두가 소액대출로 가능한 의미 있는 해결책들이다. 나는 MFIs를 설득할 수만 있다면 많은 가구들이 대출받을 것이라고 확신했다.

그런데 내 생각을 가로막는 장벽이 하나 더 있었다. 이것은 극복하기 훨씬 어려운 문제였다.

나는 우리와 협력하여 지역 주민들에게 물과 위생 관련 대출을 할 의지가 있는지 알아보려고 몇몇 MFIs에 권유 전화(cold call)를 걸었다. 인도의 전화번호부를 뒤져 아무 곳이나 무작위로 전화한 것이 아니었다. 의류나 공예 등 새로운 사업에 도전하면서 소액대출을 받은 적 있는 사람들이 추천해준 기관들을 중심으로 전화했다. 이런 기관들은 대출 수령인들이 직접 서명했다는 점에서 중요한 의미가 있었다. 이 목록을 정리해 전화를 걸기 시작했다. 그러다 왜 사람들이 권유 전화에 'cold(냉담하다)'라는 단어를 붙였는지 이해가 갔다. 맨 처음 연락한 기관은 아무런 관심을 보이지 않았다. 두 번째도, 세 번째도, 네 번째도. 당신이 예상한 그대로…….

그렇게 많은 거절을 당하고 나면 전화를 쳐다보기도 싫을 것이다. 하지만 나도 고집 하면 빠지지 않는 사람이다. 이유나 가정의 근거를 명확히 밝히지 못한 채 어떤 과제나 토론을 방치하는 것은 있을 수 없는 일이다. 10년 전 반월상연골이 파열되었을 때 주치의는 지금 당장 수술해야 하고 수술이 잘되더라도 다시는 뛸 수 없을 것이라고 단호하게 말했다. 하지만 여러 차례의 해외여행 일정으로 수술을 미뤄야 했다. 나는 다른 방법이 없을까 고민했다. 당시에 내 체형은 엉망이었다. 체질량 지수만 보더라도 과체중 상태였다. 그래서 몇 킬로그램을 감량하고 근력을 강화하던 어느 날 시험 삼아 잠깐 달려보았다. 느낌이 나쁘지 않아 조금 더 달려보았다. 그렇게 마라톤 훈련을 결심했고, 지금까지 두 번 완주했지만 결국 수술은 받지 않았다.

그러므로 '아니오'를 몇 번 듣는다고 해서 좌절하지는 않는다. 나는 계속해서 이메일을 보냈다. 가끔은 MFIs를 직접 찾아가기도 했다. 그렇게 1년 동안 문을 두드렸지만 물과 위생 프로젝트에 돈을 빌려주겠다는 기관은 나타나지 않았다. 그러지 못하는 이유를 정중하게 설명한 곳도 있었다. 물과 위생 관련 대출은 직접적인 수익이 나지 않기 때문이다. 그들은 이 말을 내게 하고 또 했다. 한번은 이 문제로 무하마드 유누스와 대화를 나눴는데, 그조차 낙담할 정도였다. 그는 MFIs의 말이 맞다고 말했다. 물과 위생 관련 소액대출은 결코 큰 규모의 해법이 될 수 없다고도 했다. 2000년대 초의 MFIs는 소액대출을 생활 환경 개선이 아니라 작은 사업체들을 위한 투자로 간주했다. 이 기관들에 물과 위생 관련 대출을 부탁하는 것은 벤처 투자자에게 담보대출을 요구하는 것과 크게 다르지 않았다. 그냥 그들의 업무가 아니었다.

물론 MFIs의 관점을 이해한다. 유누스도 소액금융을 처음 시작하면서 배웠듯이 빈민들에게는 대출 상환을 보증할 담보가 없다. 그뿐 아니라 대출을 상환할 가능성이 얼마나 되는지 파악할 수 있는 신용점수도 아예 없다. 개발도상국의 MFIs는 대출 자격을 판단할 기법이나 데이터가 없다. 그래서 MFIs 담당자들은 대출 신청자가 그 돈을 어디에 사용하려는지 귀담아들어야 한다. 예를 들어 한 여성이 옷을 만들어 파는 데 필요한 재봉틀을 사려고 50달러의 대출을 신청하려고 한다. 그녀는 치마 하나에 1달러의 이익을 남기는데, 매일 세 벌을 만들 수 있다고 말한다. 이런 식이라면 50달러를 투자해서 매달 90달러의 수익을 얻을 수 있다. 은행 입장에서 이런 여성이라면 매우 괜찮은 투자처이다. 대출을 상환할 가능성이 아주 높으니까.

하지만 동일한 여성이 집에 화장실을 설치하기 위해 대출하려고 한다면 어떨까? 대출금을 어떻게 상환할까? MFIs는 이 질문에 답할 정도로 물과 위생 관련 시장의 역학을 알지 못했고 알고 싶어 하지도 않았다. 더구나 그들은 소액대출로 수익을 창출하는 데 혈안이 되어 있었다. 2000년대 중반의 소액금융 붐은 '채무과잉'에 대한 반격을 시도하고 있었다. 그 무렵 대출을 갚기 위해 집을 팔거나 식량배급 카드를 전당포에 맡겼다는 사람들의 이야기가 수없이 이어졌다.[13] 대출 담당자들이 채무자들을 언어적, 신체적으로 학대하고 귀중품을 압수하는가 하면 집 앞에서 농성까지 벌여 공개적으로 망신을 주었다는 보고도 잇따랐다.[14] 2010년 인도의 안드라프라데시주 정부는 불과 몇 개월 사이에 소액대출 연체자 80여 명이 스스로 목숨을 끊은 사실을 언급하며 소액금융 산업 자체를 금지했다.[15]

일부 지역은 소액금융이 지나치게 빠른 속도로 성장하면서 은행 담당자들이 무분별하게 대출을 해주고는 사실상 피해자들인 대출자들에게 비난의 화살을 돌리기도 했다. 이 시스템에서 악역들을 몰아내는 데는 인도 중앙은행까지 개입해 꽤 많은 시간이 걸렸다. 그러나 훌륭한 배우도 많은 경험으로 단련되듯이, 누구에게 무엇 때문에 대출을 해줄지를 판단하는 과정도 이전보다 훨씬 신중해졌다.

무하마드 유누스 교수가 남긴 명언이 있다. "모든 인간은 타고난 사업가이다."[16] 나는 이 말을 곱씹을수록 그 전제에 동의할 수 없었다. 약간의 창업 자본만 있으면 누구나 사업을 시작할 수 있고 자급자족을 향한 첫걸음을 뗄 수 있다는 전제 말이다. 창업 자본의 부족은 사람들을 계속 빈곤하게 만드는 여러 가지 이유 중의 하나에 불과하다. 하루 종일 물을 길어 날라야 하는 수많은 여성들, 그들에게는 사업을 시작할 시간이 없다. 수인성 질병으로 고통받는 수많은 사람들을 생각해보자.

그들은 아파서 사업을 시작할 수 없다.

이렇게 생각하면 개발경제학자들이 한때 희망했던 것처럼 소액금융이 빈곤의 고리를 끊는 강력한 수단이 되지 못하는 이유가 조금 더 분명해진다. '사업 자금'을 활용하기에 앞서 인간의 기본적인 욕구가 먼저 해결되어야 한다. MFIs는 사람들의 기본적인 욕구를 충족하는 데 아무런 역할을 하지 못했다. 그런데 대출기관들의 코앞에서 흥미로운 일들이 벌어지고 있었다. 몇 년 사이에 그들의 고객들이 학비나 의료비, 집 수리비, 기타 비사업적 용도에 대출을 활용하고 있었다. 원래의 대출 조건을 위반하는 용도였다. 소액금융에 대한 반격이 이어지는 동안, 이 대출 관행이 진화하고 있음을 보여주는 새로운 연구 사례들이 등장했다. 2008년 인도네시아에서 시행된 연구를 보면, 소액대출을 받은 빈곤 가구의 절반 이상이 그 돈을 비사업적 용도로 사용했다.[17]

이런 현상이 처음에는 소액금융의 실패 또는 문제점으로 간주되었다. 그러나 사실상 이것이 소액금융의 가장 중요한 기능이라면 어떨까? 아픈 아이를 위해 약을 사거나 끼니를 때울 음식을 장만하는 등 가장 시급한 문제를 해결하는 데 대출금을 사용하는 경우도 더러 있었다. 수많은 비영리단체들이 이와 동일한 욕구들을 충족하기 위해 엄청난 돈을 투입했지만 이보다 효과적이지는 못했다. 또한 대출을 이런 식으로 활용하는 것은 애당초 MFIs의 '소득 창출'에 대한 정의가 얼마나 편협했는지를 보여준다. 질병이 영구적 장애로 이어지기 전에 적절한 치료를 받는 것이 곧 소득 창출 능력을 향상하는 (그리하여 대출금을 상환할 수 있는) 길이라는 데는 의심의 여지가 없다. 아울러 워터파트너스에서 강조하는 것처럼, 가정에 수도꼭지를 설치하여 더 이상 4시간씩 물을 길어나를 필요가 없으면 그 한나절 동안 노동을 해서 돈을 벌 수 있다. 이것이 직접적인 소득 창출 방법은 아니지만 간접적으로는, 의심의 여지 없이, 기회의 선순환을 형성한다.

MFIs가 과잉 대출을 유도하지 않으면서 그 자금을 가장 시급한 욕구를 해결하는 데 사용하도록 허용하는 것이야말로 소액금융의 가장 큰 기여인 것이다.

내가 테드(TED, Technology, Entertainment, Design의 약자로 미국 비영리재단에서 운영하는 강연회-옮긴이)라는 이름이 붙기 전부터 늘 참석하던, 캘리포니아주 몬터레이에서 열리던 컨퍼런스가 아니었다면 이 메시지를 강하게 밀어붙일 자신감을 얻지 못했을지도 모른다.

흔히 공학은 생각하는 방법을 가르친다고 한다. 그러나 어떻게 하면 남다르고 폭넓게 생각할 수 있는지를 제대로 가르쳐준 것은 '테드 가입'이었다. 테드는 관심사를 확장하고, 문제를 바라보는 모든 새로운 방식과 직접적으로 연결된다. 다른 컨퍼런스는 나와 많이 닮은 사람들에게 둘러싸여 있다. 물론 다른 공학자들과 함께 있는 것도 행복하다. 하지만 테드에서 주목할 점은 겉보기에는 당신의 일상과 아무 관련 없어

보이는 아이디어들을 모은다는 것이다. 이질적인 개념들을 가지고 새로운 무언가를 창조하는 방법을 훈련하는 좋은 기회였다.

테드에서 《탁월한 아이디어는 어디에서 오는가(Where Good Ideas Come From)》의 저자 스티븐 존슨(Steven Johnson)을 만났다. 이 책은 세상에 완전히 독창적인 아이디어는 없다는 사실을 일깨워주었다. 모든 훌륭한 아이디어는 다른 사람의 훌륭한 아이디에서 비롯된다. 그래서 (유누스의 개념을 물과 위생 부문의 시장 현실과 접목하는 방식으로) 워터파트너스에서 실행해온 일들이 획기적인 아이디어를 실현할 수 있는 확고한 토대라는 것을 깨달았다.

또 테드는 좋은 아이디어를 개발하는 것과 다른 사람들이 그것을 믿게 만드는 것은 전혀 별개라는 사실도 일깨워주었다. 2가지는 완전히 다른 능력이다. 다른 사람들이 믿게 만드는 것, 테드에서 말하는 '퍼트릴 가치가 있는 아이디어'를 공유하기 위해 나의 열정과 고집을 어떻게 활용할지 찾아내는 것, 이것이 내게 주어진 소명이라는 사실도 받아들였다.

그렇게 나의 소명을 실현하기 위해 매달린 지 1년여 만에 우리와 유사한 시각을 지닌 단체 한 곳을 찾아냈다. 몸이 불편한 빈민촌 노인과 대화하며 이 모든 아이디어를 실행하기로 마음먹었던 인도 하이데라바드에서 활동하던 BASIX라는 단체였다. BASIX는 소액대출이 얼마나 사람들의 자활 정신을 북돋워 삶을 긍정적으로 변화시켰는지 조사했다. 그런데 막상 결과를 접하고는 실망을 넘어 크게 당혹했다. 은행과 최소 3년 이상 거래한 고객 중에 소득이 증가한 경우는 겨우 절반에 불과했고, 증가 수준도 평균 10퍼센트에 머물렀다. 4명 중 다른 1명은 전혀 달라진 게 없었다. 무엇보다 심각한 것은 그 4명 중 다른 1명은 더 심각한 빈곤 상태로 추락했다는 점이었다. BASIX가 얻은 결론은 내가 깨달은 것과 같았다. 빈곤에서 벗어나기에는 장벽이 너무 공고했고, 전통적인 사업용 소액대출로는 그 장벽을 극복하기 어려웠다.[18]

BASIX의 설립자 비제이 마하잔(Vijay Mahajan)이 말했듯이, 이 결과는 조직 내에 많은 논란을 촉발했다. 그들은 마하잔이 '정통 소액금융의 길'이라고 부르던 창업 대출을 지속적으로 축소하거나 아니면 사람들의 복잡한 욕구를 충족할 더 나은 서비스를 개발할 수도 있었다. 후자를 선택할 경우에는 마하잔의 표현처럼 "전통적 경로에 비해 관리하고 통제하기가 훨씬 복잡하고 번거로웠지만, (50/50, 20/80, 10/90 중에 어느 것이 될지 누구도 장담할 수 없지만) 훨씬 더 큰 변화를 만들어낼 가능성이 있었다."[19] 결국 후자를 선택한 BASIX는 사업 성장에 필요한 수준을 넘어서는 폭넓은 대출 옵션을 부여했다.

물과 위생 관련 대출을 화두로 우리가 BASIX를 찾았을 때는 그 프로세스를 막 시작하던 단계였다. 내가 주민들이 지불하는 대처 비용을 설명하자 마하잔과 직원들도 주민들이 (소득 창출에 직접적으로 기여하지 않았더라도) 대출금을 상환할 수 있어야 한다는 것을 이해했다. 그렇게 1년 동안 여러 차례 거절당하다 마침내 그들의 승인을 얻어냈다.

승인받기에 충분한 자격을 갖췄다. 사실 BASIX는 물과 위생 관련 대출을 정규 포트폴리오에 포함할 준비가 되어 있지 않았다. 대출금을 회수하지 못하면 은행의 평판과 신용도가 떨어질 위험이 있기 때문이다. 이런 이유로 BASIX는 대출 상품을 'R&D'라는 별도 항목으로 분류했다. 안정성이 입증될 때까지 일종의 울타리를 쳐두는 셈이었다. 오랫동안 공들인 끝에 우리는 '계산된 위험(measured risk)'을 기꺼이 감수할 수 있는 파트너를 얻었다.

여기서 나는 '계산된'이라는 표현을 썼다. BASIX가 시범 프로그램을 시작하려면 워터파트너스에서 그 비용을 지불해야 했다. 말하자면 '위험을 제거해주기' 위해서였다. 위험을 무릅쓰고 자기네 자본을 투입하기 전에 이 프로그램이 안전하고 효과적이라는 것을 증명할 필요가 있었다. 우리는 자신 있었다. 그들이 위험하다고 의심하는 그곳에서 우리는 이미 '거의 확실한 성공'을 목격했기 때문이다.

시범 프로그램이 성공하면 BASIX도 이 대출 상품을 주류로 편입해 규모를 확장하기로 동의했다. 그렇게 우리는 함께하게 되었다.

몇 년이 걸렸지만 결국 시범 프로그램의 결과가 나타나기 시작했다. 오랫동안 나는 지역 가구들이 대출금을 상환할 수 있다고 주장하면서도 항상 이것이 이론에 불과하다는 것을 인정할 수밖에 없었다. 지금까지 이 아이디어를 현실에서 시험할 기회가 없었기 때문이다. 이제 비로

소 우리는 그 일을 실행했고, 그 결과는 내 인생에서 가장 뿌듯한 경험 중 하나였다. 계산해본 결과, 대출금을 제때, 모두 상환한 비율은 97퍼센트였다.

놀라운 수치였다. 전율마저 느껴졌다. 그 이면에 숨은 이야기들은 더더욱 그랬다. 우리 고객은 내가 필리핀에서 만났던 레네리자(Leneriza)와 같은 여성들이었다. 수입의 20퍼센트를 물 구입비로 지출하는 사람들, 레네리자가 바로 그런 사람이었다.[20] 그녀는 지역 상인에게 매달 60달러를 주고 물을 산다고 말했다. 그런데 대출이 가능하자 그 돈으로 집 안에 수도꼭지를 설치했다. 이제 그녀는 대출금을 상환하는 동시에 수도 요금도 기쁜 마음으로 낼 수 있었다. 둘을 합쳐도 한 달에 채 10달러가 되지 않았다. 깨끗하고 안전한 물을 얻은 것은 물론이고, 매달 남는 50달러로 가족을 부양할 수 있었다.

알고 보니 현실이 이론보다 훨씬 나았다!

이런 증거를 확보하니 소액금융기관(MFIs)에 우리의 주장을 펼치기도 수월했다. 인도에서 가장 혁신적인 MFIs 중 하나(현재는 크레딧액세스 그라민CreditAccess Grameen)를 이끌고 있는 수레시 크리슈나(Suresh Krishna)는 물과 위생 대출 프로그램에 동의했을 뿐 아니라 자체 자본을 사용하기로 했다. 그리고 얼마 지나지 않아 더 많은 기관들이 참여하기 시작했다. 더 고마운 것은 부분적 'R&D' 시범 상품이 아니라 주력 사업에 포함했다는 점이다.

우리는 전통적 방식인 '보조금을 활용한 지역사회 기반 물 프로젝트'도 지속했다. 그러나 대출 프로그램의 가능성을 확인한 지금은 이 전통적 프로젝트의 한계가 더욱 분명해졌다. 보조금으로 새로운 식수 시설 비용을 충당하는 프로젝트는 '한 번으로 끝나는' 방식이었다. 따라서 규모가 더 커질 수 없었다. 조성된 기금을 다 쓰고 나면 프로젝트를 위한 기금을 다시 모아야 했다. 하지만 소액대출의 작동 방식은 이와 다르다. 시간이 지나면서 자기 발생적으로 작동한다. 상환된 대출금이 미래의 다른 대출자들을 위한 자본금으로 다시 쓰이는 것이다. 이런 이유로 기관들이 자체적인 추진력을 얻어 자생력을 확보하기까지 우리가 약간의 지원만 하면 되었다.

이것은 확장 가능한 해법이라는 사실을 내 눈으로 확인했다. 내 마음속의 의문은 '이것이 가능할까?'에서 '이것을 얼마나 더 크게 확장할 수 있을까?'로 빠르게 전환되었다.

2008년, 게이츠 재단(The Gates Foundation)에서 물과 위생 관련 소액대출 수요를 조사한 결과 추정된 수치는 120억 달러였다.[21] 지금의 나에게는 미미한 수준이다. 현재는 이 수치가 훨씬 더 커졌기 때문이다. 그러나 당시에는 세상을 뒤흔들 정도로 어마어마하게 큰 금액으로 느껴졌다.

그 무렵까지 워터파트너스는 수천억 달러의 재원을 확보하기 위해 고군분투했지만, 거의 10년의 노력에도 수백만 달러가 고작이었다. 그러니 진보란 것이 항상 굼떠 보이는 것도 당연하다. 그렇게 보이지도 않는 목표를 향해, 결코 더 가까워질 수 없을 것 같은 목표를 향해 조금씩 나아갈 뿐이다.

그런데 물 부족 위기를 해결하는 데 투자할 120억 달러를 확보할 수 있다면 더 이상 굼뜨게 고군분투할 이유가 없다. 전력 질주할 수 있는데, 왜!

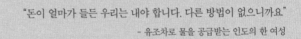

"돈이 얼마가 들든 우리는 내야 합니다. 다른 방법이 없으니까요"

– 유조차로 물을 공급받는 인도의 한 여성

4장

운명적
만남

시점
....
맷 데이먼

물과 관련된 나의 노력이 가장 큰 전환점을 맞이한 것은 2008년 '클린턴 글로벌 이니셔티브(CGI)' 총회에 참석했을 때였다.

CGI는 '아이디어를 행동으로'라는 캐치프레이즈를 내세우는데, 언뜻 보기에는 어느 단체에서나 주장할 수 있는 평범한 문구였다. ('아이디어가 있어도 실행하지 않는!' 또는 '아이디어가 결코 아이디어 단계를 벗어나지 못하도록!'이라는 캐치프레이즈를 내세울 수는 없지 않은가.) 하지만 빌 클린턴 전 대통령이 이 개념을 규정한 2005년만 하더라도 어느 정도 주목을 끌었다. 다보스에서 열린 세계경제포럼(WEF)에 참석한 후 클린턴은 당신도 어디선가 들었을 법한 불만의 소리를 소개했다. 세계의 지도자들이 최고급 스키 리조트에 모여 더 나은 세상으로 바꾸겠다고 한바탕 설레발을 떨더니 결국은 평소 모습으로 되돌아간다는 것이다. 클린턴은 이렇게 말했다.

"매년 나는 이 자리에 모인 모든 사람들이 열정을 가득 안은 채 떠나는 모습을 바라봅니다. 무언가를 하고 싶어 하고, 또 실제로 할 수 있는 일을 찾아 '좋아요, 내가 할 일은 뭐죠?'라고 물으며 자신이 기여할 수 있는 일이 무엇인지 알고 싶어 하면서요."

클린턴은 CGI 참석자들에게 해당 이슈에 대한 의견을 그저 물어보는 차원이 아니라 그 문제를 해결하기 위해 '어떤 특별한 기여를 할 수 있는지', 그리하여 이듬해에는 진행 과정을 공개적으로 평가해야 한다고 말했다. "이것을 했고 그래서 이런 결과가 나왔다는 것, 우리는 그것을 알아야 합니다."[1]

클린턴과 CGI 운영진은 매년 9월이면 유엔 총회에 참석하려고 뉴욕을 방문하는 각국 정상과 귀빈들을 대거 끌어들이는 컨퍼런스를 계획했다. 늘 그렇듯이 유엔 총회가 열리는 주는 귀빈들의 차량 행렬로 도심 전체가 마비되지만, 뉴욕 쉐라톤 호텔을 참석자로 가득 채우는 데는 별 어려움이 없었다. 50명이 넘는 전현직 국가 정상과 100여 명의 기업 최고경영자들, 다국적 재단의 대표들, 그리고 당연히 보노도 포함되었다. 또 전설의 스포츠 스타에서 사회운동가로 변신한 무하마드 알리, 영화 〈스피릿(Spirit : Stallion of the Cimarron)〉에서 야생마 스피릿의 목소리 연기를 맡았던 나도 물론 있었다(다행히 이 자리에 모인 군중은 아무도 그 영화를 못 본 것 같다).[2]

당시 영국 총리였던 고든 브라운의 기조연설로 회의가 시작되었던 것으로 기억한다. 클린턴은 브라운 총리를 지금껏 만난 사람 중 누구보다 세상에 대해 잘 아는 사람이라고 소개했다. 총리 자신도 이것을 자신에게 주어진 과제로 여기는 듯 보였다. 원고도 없이 이 주제에서 저 주제로 넘나들며 30분 넘게 연설하며, 빈민들에게 더 나은 삶을 선사하는 정책 변화에 대한 자신의 식견을 소개했다. 매우 인상적인 연설이었다. 그날 컨퍼런스에서 들은 모든 연설은 비단 주요 인사들만이 아니라 한결같이 인상적이었다. 브라운 총리의 뒤를 이은 연사는 열대성 질병 연구에 평생을 헌신한 의사였다. 미국과 같은 부유한 국가에서는 거의 들어본 적도 없는 생소한 질병이어서 충분한 관심과 기금을 확보하기도 어렵다. "보통 나는 서너 명 앞에서 내 일에 대해 이야기합니다." 그가 클린턴 대통령을 가리키며 말했다. "우리가 기생충에 대해 이야기하기 위해 방을 가득 채운 것 자체가 당신에게는 성스러운 약속이지요."[3]

정말로 그랬다. 클린턴은 뿌듯한 미소를 지어 보였다. 그는 이런 일을 좋아했다. 자기만의 흡인력을 이용하여 모든 부류의 사람들을 같은 방으로 끌어들인다. 그렇지 않았더라면 만날 일조차 없을 사람들이 이제는 서로 협력하여 더 큰, 아주 큰 일을 할 방법을 찾았노라고 그에게 감사의 인사를 전한다. 컨퍼런스 전체가 이 점을 염두에 두고 기획되었고, 패널도 그렇게 구성되었다. 축하 만찬은 큰 파티처럼 보였고 실제로도 그랬다. 하지만 이 모두는 고도로 정밀하게 기획된 것이었다. 그 모든 결과와 성과, 파트너십, 계획에 초점이 맞춰졌다. 쉐라톤에는 주최 측이 '속삭임의 방(whisper room)'이라고 부르는 곳들이 많다. 특이한 명칭 때문에 매우 특이한 모임처럼 들리겠지만, 이 속삭임들이 '다국적 재정 지원 본부'를 구축하는 출발점이라고 해도 지나치지 않다. (당신이 이런 종류의 일에 관심이 있어서 일부러 찾아온 게 아니라면) 이런 모습들에 아무런 흥미도 느끼지 못할 것이다.

대체로 많은 대화가 오갔고, 기조연설에서 패널 토론을 거쳐 세부 논의에 이르렀을 무렵 나는 클린턴이 목표 달성에 거의 성공한 것 같았다. 모든 행사는 행동에 초점이 맞춰졌다. 그냥 행동이 아니라 책임의식이 전제된 행동이었다. 참석자들이 무언가를 실행하겠다고 서약하면 그 기부 약속이 공개적으로 발표되었고, 이것이 다시 다른 사람들에게도 행동을 요구하는 일종의 사회적 압력 구실을 했다. (2008년 한 해에만 이런 식으로 80억 달러를 조성했다.)[4] 당연히 결과도 공표되었다. 따라서 목표를 달성하지 못했더라도 다음 CGI에서 그 훌륭하고 영향력 있는 모든 친구들이 그 사실을 알게 된다.

〈이코노미스트〉에서 이번 총회 소식을 다루었는데, 기자가 맥락을 잘 짚은 듯했다. "고든 브라운은 키케로가 연설했을 때 사람들이 '멋진 연설이에요'라고 말했다고 우리에게 상기시켰다. 데모스테네스가 연설했을 때는 사람들이 일제히 행진했다. 그들 모두 이곳 뉴욕 쉐라톤에서 행진을 하고 있었다."[5] 나도 부츠를 신고 있었지만, 정확히 어디로 향하고 있는지 그때는 알지 못했다.

개리 화이트를 만나면서 가장 인상적이었던 것은 그가 살아오면서 실패했던 시절의 이야기를 끊임없이 나에게 했다는 점이다.

우리 둘에게도 CGI의 속삭임의 방 하나가 배정되었다. 그전에 우리 H2O 아프리카 재단의 파트너 몇몇이 개리를 만났고, 그가 우리의 사업을 훨씬 현명하게 이끄는 데 도움을 줄 수 있다는 확신을 이미 가지고 있었다. CGI 직원들이 우리를 안내한 곳은 크고 텅 빈 호텔 연회장이었다. 샹들리에가 매달린 거대한 격납고 같은 느낌이었다. 완벽한 정적에 휩싸인 채 연회장 한쪽 끝에 서서 생각했다. 이런 상황에 처하면 누구나 기괴하다는 느낌마저 들 듯했다.

기괴함은 더해만 갔다. 연회장에 도착한 개리는 반대편 문으로 들어섰다. 우리 둘은 서로에게 다가가기까지 이를 드러내고 불편한 미소를 지어 보이며 먼 거리를 어색하게 걸어야 했다. 마치 로맨틱 코미디에 나오는 '운명적 만남'의 장면에 우스꽝스러운 서사가 모두 담긴 듯했다. 나는 곧바로 묘한 분위기를 깨뜨려야겠다고 생각했다. "여기요!" 내가 먼저 소리쳤다. "물 얘기 좀 합시다."

자리에 앉아 서로를 소개한 다음 내가 그의 일에 대해 질문했다. CGI 같은 행사에 참석한 사람들 중에는 자신의 성과를 부풀리고 싶은 유혹을 느끼는 이들도 있다. 게다가 우리 H2O 아프리카 재단의 파트너들이 이미 개리에 대해 많은 것을 알려주었기 때문에, 나는 개리에게도 부풀릴 만한 업적이 많다는 사실도 잘 알고 있었다. 하지만 그는 부풀리지 않았다. 오히려 그 반대였다. 개리는 가톨릭 릴리프 서비스(CRS)에서 활동할 때 부족하다고 느낀 것들을 이야기했다. 또 작은 규모이지만 새로운 방식의 물 프로젝트를 고안하여 상당한 효과를 거두었는데도, 위기 해결에 공헌할 만큼 큰 성과를 올리지는 못했다고 재빨리 덧붙였다. 아울러 모든 것을 바꿀 수 있다고 생각하는 또 다른 아이디어에 대해서도 말했다. 빈민들에게 물과 위생을 해결할 수 있는 소액대출을 해주는 아이디어였는데, 케냐에서 처음 시도했다가 실패했다고 했다.

한창 목소리에 힘이 들어갈 때인데도 그는 한없이 절제하는 모습이었다. 물건을 팔 생각이 별로 없는 것처럼 말이다. CGI가 개발 부문의 스피드 데이팅 서비스(짧은 시간에 여러 사람들과 만나며 파트너를 찾는 행사-옮긴이)라면, 여기서 나에게 가장 이상적인 상황은 개리의 모든 결점과 가장 큰 실수, 개인적 실패와 더불어 시작하는 것이었다. 그리고 내가 바라는 그 상황이 실제로 진행되고 있었다. 개인적으로도 나는 개리의 겸손함에 끌렸다. 하지만 그와 대화를 나누면서 가장 인상적이었던 점은 실패를 대하는 그의 느긋함이었다. 실패를 없어서도 안 되고 피할 수도 없는 과정의 일부로 기꺼이 받아들이는 자세였다. 말을 돌리며 설명을 기피하거나 어떤 대가를 치르더라도 회피하려는 무언가가 아니라, 당신의 앞길에 도움을 주고 성공을 촉진하는 어떤 것처럼 말이다.

요즘은 실패의 중요성도 너무 진부한 이야기가 되어 더 이상 '와 닿지 않는다고' 표현하기도 뭣할 만큼 '와 닿지 않는' 교훈으로 전락했다.

매년 봄마다 졸업생 축사에서 귀에 딱지가 앉을 만큼 자주 듣는 '여러분의 꿈을 좇으세요!'라는 조언처럼 말이다. 나 또한 그런 조언을 했다. 다행히 나는 20대라는 어린 나이에 직업적 성공을 거두었지만, 실패가 어떤 것인지 맛보기 전까지는 반복해서 머리로 벽을 들이받는 느낌이었다. 벤 애플렉과 나는 배우가 된 첫해를 우리 식 표현으로 "좋아요, 수고했어요"라는 말을 듣는 무언가를 하면서 보냈다. 오디션을 보기 위해 보스턴에서 뉴욕행 버스에 오르고, 우리처럼 생긴 친구들 사이에서 순서를 기다리고, 캐스팅 감독 앞에서 마치 진짜 오스카를 거머쥔 것처럼 눈물을 흘리며 연기하다가 이윽고 "좋아요, 수고했어요"라는 말을 들으며 마무리한다는 뜻이다. 그게 전부였다. 칭찬도 없고, 머리를 쓰다듬는 일도 없고, 건설적인 비평 따위도 없다. 그저 "좋아요, 수고했어요" 한마디가 끝이다. 이 말을 들을 때마다 늘 마음이 아팠다. 그렇게 한 번의 '예'를 얻기 위해 수많은 '아니오'를 듣는 것 또한 과정의 일부임을 깨달았다.

내가 처음 물과 관련된 일을 시작할 때도 이와 비슷한 경험을 할 것이라 예상했고 실제로도 그랬다. 하지만 이것은 개인적인 일이 아니었다. 처음부터 나는 대부분의 물 프로젝트가 얼마나 비효율적인지를 확인하기 위해 물과 위생에 대해 충분히 공부했다. 이 일만큼은 제대로 해내고 싶었던 것이다. H_2O 아프리카 재단에서 더 효율적인 전략을 구상할 때 나는 우리가 지급한 보조금이 잘못된 선택이 되리라고 예상했다. 우리가 지원한 프로젝트들이 털털거리다 결국 쓸모없게 되고, 흥미로운 새 아이디어에 투자했다가 물거품이 될 수도 있다고 말이다. 이 예상은 나중에 사실로 드러났다. 나는 이 모든 것을 전문 분야는 아니지만 내가 무언가 기여할 수 있는 세상으로 들어가는 입장료로 받아들였다.

그러나 누가 봐도 전문가였던 개리는 이 프로세스에 관한 한 나보다 한참 멀리 가 있는 사람이었다. 지난 20년 동안 수많은 '아니오'를 축적했다는 사실은 그가 새로운 아이디어를 과감하게 시도했고, 그리하여 실패를 직시하고 교훈을 학습하고 성공을 찾아냈다는 뜻이었다. 아울러 그가 더 크고 더 우려스러운 실패를 피해나가고 있다는 의미이기도 했다. 즉, 모든 이들이 사용할 수 있는 물과 위생 관련 시설을 제공한다는 궁극적인 목표에 부적합했고 앞으로도 부적합할 단계별 방법들은 피하고 있다는 것이다. 개리는 물과 위생 부문의 기술자로서도 유명했지만 내 눈에는 혁신가처럼 보였다. 내가 찾던 파트너에 완벽하게 부합하는 사람이었다. 대화를 나누다 보니 어느새 1시간이 훌쩍 지났다. 클린턴과의 간담회에 늦을 수도 있겠다는 생각이 스쳤다. 그건 큰 결례였다. 나는 개리에게 함께 가자고 초대하고는 클린턴을 찾아 쉐라톤 여기저기를 누비고 다녔다. 개리와의 '운명적 만남'은 성공적이었으니, 이제 중매쟁이 역할을 한 클린턴에게 처음으로 그 사실을 알릴 차례였다.

워터파트너스에 대해 많은 것을 알게 될수록 그들이 다른 어느 단체보다 물 프로젝트를 잘해내고 있다는 확신이 들었다. 특히 개리가 현지 지역사회를 물 프로젝트의 단순한 수혜자가 아니라 함께 프로젝트를 설계하고 건설하고 운영하는 리더로 언급하는 모습에 매료되었다. 워터파트너스의 높은 성공률은 이러한 접근법이 장기적으로 효과적이라는 증거였다. 개리와 다른 몇몇 사람들에게 들은 모든 내용을 토대로, 더 솔직히 말하면 개리와의 대화에서 느낀 점만으로도 이미 나는 H2O 아프리카 재단에서 조성한 기금의 상당 부분을 워터파트너스에 기탁할 마음의 준비가 끝난 상태였다.

하지만 개리가 가장 흥분한 것은 우물 파기가 아니라 워터크레딧 (WaterCredit)이라는 새로운 아이디어였다. 그 무렵 인도에서는 워터크레딧의 시범 프로그램들이 좋은 성과를 보였고, 앞으로 성공 가능성도 더욱 높아지고 있는 상황이었다. 실제로 CGI에서 개리는 기부 약속을 발표했다. 워터크레딧을 더 큰 규모로 시험하기 위해 펩시코 재단에서 400만 달러를 지원하기로 했다는 내용이었다.⁶ 이것이 빅뉴스인 이유는 비단 큰 금액 때문만은 아니었다. 펩시코 재단도 지원할 정도이니 다른 다국적 기업들, 적어도 일부라도 물 부족 위기에 관심을 가져달라고 무언의 압박을 하는 역할도 했다. 펩시코의 최고경영자 인드라 누이 (Indra Nooyi)는 자신들이 만드는 음료에 깨끗한 물이 풍부하게 공급되는 것이 얼마나 중요한지 잘 알고 있으며, 펩시 공장뿐 아니라 폭넓은 영역에서 큰 변화를 이끌겠다고 분명하게 밝혔다. "물은 펩시코의 비즈니스 생태계의 필수 요소이며, 깨끗하고 신뢰할 수 있는 식수원을 확보하는 것이야말로 전 세계 지역사회의 건강과 생계에 절대적으로 필요합니다"라고 그녀는 강조했다.[7] 이 문제에 접근하는 개리의 특별한 방식에 400만 달러를 투자한 것도 같은 맥락이었다.

솔직히 처음에는 워터크레딧 이면의 아이디어까지 완전히 받아들이는 데 꽤 많은 시간이 걸렸다. 극빈층 사람들의 생존에 필요한 무언가를 주고 대가를 요구한다는 발상 자체가 이상하고 크게 잘못됐다는 느낌마저 들었다. 사막에서 목이 말라 죽어가는 사람에게 물병을 그냥 건네는 게 아니라 사서 마실 거냐고 물어보는 것과 다를 바 없었다. 처음 이 개념을 들었을 때는 많은 이들을 불편하게 만드는 자본주의의 일종 같았다. 이건 아니라는 생각이 들었다. 이 지구에서 가장 가난한 사람들에게, 부자 나라에서는 (프랑스 또는 이탈리아 미네랄 광천수 같은 이름을 달고 플라스틱 물병에 담기지 않는 한) 거의 공짜이지만 그들에게는 부족한 무언가를 들이밀며 돈을 내라고 하는 것은 아무래도 아닌 것 같았다. 완곡하게 말하자면 와 닿지 않았다.

적어도 개리의 말을 듣기 전까지는 그랬다. 그는 내게 몇 가지 사실을 일깨워주었다. 이 위기를 해결하고 싶다면 전 세계가 물과 위생 관련 지출을 향후 10년 동안 매년 약 1천억 달러까지 늘려야 한다는 것이었다.[8, 9] 이 정도 기금이라면 내가 사라 맥라클란(Sarah McLachlan)이 배경에 등장하는 TV 광고에서 기부 요청을 한들 절대 해결될 문제가 아니었다. (사실 개리는 너무 점잖아서 이런 부분까지 언급하지는 않았지만, 그래도 생각은 하고 있었다.) 현실적으로 세계 각국 정부가 물과 위생 문제를 우선순위로 설정하더라도 그 격차를 해결할 수는 없을 터였다. 설령 또 다른 '물의 10년'을 선언하더라도 말이다. 그런 사실들을 직면해야 했다. 개리가 늘어놓은 숫자는 '더 열심히 해보자'는 의미가 아니었다. 그것은 '패러다임의 전환이 필요하다'는 뜻이었다.

여기서 흥미로운 부분은 새로운 패러다임이 어떤 것인지 개리가 설명할 수 있었다는 점이다. 세상에는 소득이 낮은데도 물과 위생에 꽤 많은 돈을 지출할 수 있으며 기회만 주어진다면 물과 위생의 근원을 확보하기 위해 기꺼이 지출할 의사가 있는 사람들이 수억 명이나 된다고 개리는 설명했다. 그런데도 자선만이 도덕적이고 현실적인 지원 방법임을 내세워 우리의 선택권과 의욕을 제한하고, 문제를 오히려 고착화했다. 설상가상으로 우리는 도움을 주려고 하는 바로 그 사람들의 역량을 과소평가하고 있었다.

대화가 이어지면서 물 부족 위기를 바라보는 나의 시각도 달라졌다. 나도 해결책의 근원을 재정 문제에서 찾기 시작한 것이다. 왜 그런지를 이해하려면, 사람들이 물과 위생 시설을 얻기 위해 실제로 무엇을 지출하는지부터 알아야 한다.

저널리스트 찰스 피시먼(Charles Fishman)은 《거대한 갈증(The Big Thirst)》이라는 역작에서 어느 호텔 체인이 객실에 비치한 물병에 붙여놓은 작은 안내 표지를 소개했다.

"물입니다. 당연히 무료입니다."[10]

피시먼이 지적하듯이 이 표지는 우리가 지닌 사고방식의 모순을 잘 보여준다. 한편으로 보면 '당연히 물은 무료다'라는 뜻으로 물이 하늘에서 그냥 떨어지는 것이나 다름없다는 의미다. 하지만 또 다른 관점에서 보면, '당연히 물을 얻으려면 무언가 대가를 치러야 한다'는 뜻으로 매달 수도 요금을 내야 한다고 해석할 수 있다. 어느 쪽이 옳을까?

개리가 설명한 대로 수도 회사는 물 자체에 요금을 매기는 것이 아니다.[11] 우리가 내는 요금은 물의 운송비라고 할 수 있다. 특정 시점에 물이 순환하며 자연적으로 모이는 곳(호수, 빗물 웅덩이, 지하 등)에서 취수해 수도관을 거쳐 가정의 수도꼭지나 생수를 취급하는 상점으로 옮기는 비용이다.

위생 시설도 마찬가지지만 정반대 방향이다. 물론 완곡한 표현으로, 우리 몸에서 배출되는 것은 아무런 가치가 없다. 그러나 매달 우리는 수도 요금 고지서에도 포함되듯이 먹고사는 공간에서 하수를 제거하는 비용을 지불한다.

그러므로 물과 위생에 지불하는 비용은 사실상 운송비인 셈이다.

물론 요즘은 아마존 때문에 운송비를 무료로 여기는 사람들이 많다.

그런데 물과 위생은 세상에서 가장 심각한 운송 문제를 야기한다. 지구의 모든 사람들이 매일 하수를 생산한다. 눈에 보이지 않아도 이 하수는 독성이 있는 폐기물이다. 이 폐기물을 생활공간에서 즉시 운반하지 않으면 치명적인 질병을 유발할 수 있다.

물은 우리가 생존하는 데 필요한 것 중에서 가장 무거운 물질이다. 캠핑을 떠난다고 가정해보자. 숲속에서 며칠을 보내는 데 필요한 음식과 텐트, 따뜻한 옷가지는 쉽게 등에 지고 갈 수 있다. 문제는 물이다. 한 가정의 기본적인 식수와 요리, 세탁 등에 매일 필요한 물의 양은 최소 약 30킬로그램이다.[12] 생존에 필요한 다른 어떤 것도 물처럼 무겁지 않다. 게다가 물은 지속적으로 필요하다. 마시고, 먹고, 청소하고, 씻고, 화장실에 갈 때마다 물이 있어야 한다. 다시 말하면 전 세계의 요구에 부합하는 물과 위생 여건을 운송하려면 아무리 아마존이라도 기겁할 것이다.(아마존이라는 이름이 세상에서 가장 큰 물 운송 시스템에서 따왔다는 것도 참으로 역설적이다.)

지난 수천 년 동안 인류는 이 문제를 해결하기 위한 시설을 건설해왔다. 도시에 필요한 대규모 기반시설, 즉 저수지와 댐, 하수관, 운하 등이 그것이다. 그리고 외딴 마을이나 가구에는 더 작은 규모의 기반시설인 우물과 정화조, 용수로, 빗물 저류 시설 등을 설치했다.

물과 하수를 인력으로 운반하는 데 드는 모든 인건비를 합치면 장기적으로 훨씬 많은 비용이 든다. 개리의 말대로 '대처 비용'이 매우 높다는 뜻이다. 그러나 기반시설을 구축하려면 엄청난 비용을 선제적으로 투입해야 한다. 그 엄청난 비용이 빈곤한 사람들에게 있을 리 없다. 따라서 그들은 선진 세계보다 훨씬 비효율적이고 훨씬 비용이 많이 드는 방식으로 물과 하수를 이동시킬 수밖에 없다.

물과 위생 관련 기반시설을 구축하는 문제의 본질은 엄밀히 말하면 과도한 비용이 아니다. 대처 비용을 감안하면 장기적으로 그 비용을 상쇄할 수 있기 때문이다. 진짜 문제는 초기에 너무 많은 비용이 필요하다는 사실이다. 앞에서 말한 대로 재정의 문제였다.

세상에서 가장 심각한 문제를 해결할 방책으로 재정 문제를 강조하던 개리에게 2008년만큼 혹독했던 시기도 없었다. 그 무렵에는 금융산업마저 세상에서 가장 심각한 문제로 부각되었다.

CGI로 떠나기 일주일 전에 나는 경유지에서 잠시 멈춘 비행기 안에 있었다. 모두가 활주로 위에서 전화기를 만지작거리고 있을 때 함께 타고 있던 투자은행가가 당황하며 말했다. "방금 세계 경제에 핵폭탄이 터졌어요." 리먼 브라더스 파산 소식이 막 전해진 것이다. 그의 말은 과장이 아니라 지극히 순화된 표현이었다. 뒤이은 금융위기는 대공황 이후 세계가 직면한 최악의 위기였고, 한동안 속편이 원작보다 훨씬 심각해 보였으니 말이다.

개리와 내가 CGI에서 만나던 그 시각, 의회에서는 금융기관 파산을 막기 위해 7천억 달러 규모의 은행구제법안 초안이 상정되었다. 뉴욕증권거래소 밖에는 1천 명도 넘는 시위대가 '계급 전쟁 범죄(CLASS WAR CRIME)'라고 적힌 팻말을 들고 구제법안을 비난했다. 지하철로 불과 몇

정거장 떨어진 곳에서 우리는 구제법안을 집행할 사람들과 또 그 법안의 필요성을 만들어낸 사람들과 함께 어울리고 있었다.[13] 심지어 리먼 브라더스의 최고경영자도 참석할 예정이었지만,[14] 그는 취소했다.

그곳에서 그들을 만났음에도 나는 시위대의 주장에 동조했다. 그로부터 얼마 지나지 않아 〈인사이드 잡(Inside Job)〉이라는 다큐멘터리의 내레이션을 맡았다. 여기서는 금융기관들이 경제적으로 취약한 미국인들을 감당할 수도 없는 주택담보대출로 유인하여 착취하는 모습과 이런 관행이 무너졌을 때 결국 납세자들이 그 모든 부담을 지게 되는 과정을 보여주었다. 가뜩이나 금전적으로 어려운 사람들에게 대출을 해주겠다는 계획이 회의적일 수밖에 없는 이유가 또 하나 늘어난 셈이었다.

세계 경제를 휘어잡고 있는 대형 은행들과, 가난한 사람들에게 빈곤의 고리를 끊고 삶을 통제할 기회를 주려는 소액대출기관들 사이에는 현격한 차이가 있었다.

내가 잠비아를 방문한 2006년에 소액금융과 관련하여 잊을 수 없는 경험을 했다. 외진 마을을 찾아간 우리는 소액대출을 지원받은 사업가들이 설립한 시장을 방문했다. 그곳에는 직접 키운 농작물을 파는 농부들, 직접 만든 옷을 파는 재단사들, 직접 요리한 음식을 파는 식품 판매자들도 있었다. 그때 한 남자가 진흙 벽돌로 만든 두 노점 사이의 공간에 플라스틱 의자들을 나란히 놓고 커튼을 쳐서 햇빛을 차단했다. 그는 이 비좁고 어두운 공간에 작은 TV와 VCR을 설치했다. 영화관이었다. 기발했다. 영어를 쓰는 그 친구는 10센트 정도를 받고 사람들을 입장시켰다. 무슨 영화를 보여주는지 무척 궁금했다. 오늘의 흥행작은 무엇인가! 그가 지금까지 상영한 해적판 DVD 중 하나를 힐끔 쳐다보았다. 잠비아 한복판에 있는 마을의 DVD 표지에서 나를 뒤돌아보고 있는 것은 바로 내 얼굴이었다. 오늘의 특집 상영은 〈본 슈프리머시(The Bourne Supremacy)〉였던 것이다. 해적 행위를 그냥 넘겨서는 안 된다고 생각하면서도 우리 모두는 웃음을 터뜨렸다. 그 친구와 여러 장의 사진을 찍었지만 영화를 보려고 더 머물지는 않았다. 난 이미 본 영화니까!

이번 방문은 ONE에서 시행한 교육과정의 일부였다. 우리는 이 여정에서 특히 무하마드 유누스의 철학에 대해 많은 이야기를 나누었다. 대출기관의 이익 극대화가 아니라 지속 가능한 방식으로 최대한 많은 사람들의 삶을 향상하는 것이 유누스의 목표임을 알고 있었다. 대출기관도 계속 대출을 해주려면 충분한 인센티브나 수단이 있어야겠지만, 고객들이 대출금을 활용하여 자신들의 삶을 향상하는 데 초점을 맞춰야 한다. 물론 세상에는 비양심적인 소액대출기관도 있다. 하지만 지난 40여 년을 돌이켜보면 소액대출에 이용당하기보다 그 덕분에 용기를 얻은 사람들이 훨씬 많았다. 워터크레딧은 지역사회의 역량을 강화하는 데도 놀라운 영향을 끼쳤다. 게다가 임기응변식 해결책에 투입되는 비용보다 대출 상환금이 더 적었다. 그 뒤부터 나는 물과 위생 문제도 사실상 시장 기반의 해결책을 만들 수 있다고 생각했다.

금융 산업의 몰락으로 세계 경제가 시궁창에 빠진 바로 그 순간 우리가 노력하던 일에 시장을 끌어들이겠다는 발상은 한마디로 비상식적인 듯 보였다. 유누스라면 뭐라고 말할까? 다행히 그의 대답을 들을 필요 없었다. 유누스도 CGI에 함께 있었기 때문이다. 자본주의 방식에 대해 우려의 소리와 분노의 소리가 뒤섞인 가운데 유누스의 어조는 그들과 사뭇 달랐다. 한 인터뷰에서 그는 이렇게 말했다. "돈 많은 사람들이 사업을 하고 가난한 사람들이 도움을 받는다는 사고방식에서 벗어나야 합니다."[15] 2008년 첫 번째 공공의 적이 된 금융이 사실상 수많은 사람들이 스스로 빈곤을 벗어나는 데 필수적인 역할을 할 수 있다고, 유누스는 강력하게 주장했다. 아울러 세상에서 가장 가난한 사람들의 상황을 개선하는 데 필요한 가장 큰 희망은 그들의 역량이 아니라 우리의 관용이라는 그릇된 믿음에도 단호히 반대했다.

도움을 받을 사람들 앞에서 거들먹거리지 말라고 늘 주의를 주던 어머니가 떠올랐다. 어머니는 여전히 자선은 필요한 것이라고 생각했고 나 역시도 그랬다. 이성적인 사람이라면 여기에 토를 달지 않을 것이다. 그런데 내가 소액금융에 끌린 이유 중 하나는 이 개념이 하나의 전제에서 출발한다는 사실이다. 사람들은 지금 처한 경제 상황이 어떻든 자기만의 해결책을 위해 투자할 수 있으며 그 해결책이 어떠해야 하고 어떻게 적용해야 할지도 결정할 수 있다는 것이다. 소액금융은 생색이나 오만과는 정반대인 존중하는 마음에서 시작된다.

몇 개월 후 에티오피아 여행에서도 그 중요성을 확인했다. 그곳에는 땅을 파는 데만 약 1만 달러의 비용이 드는 우물이 고장 난 채 방치되어 있었다. 우물을 고칠 능력이 없었던 현지 주민들은 그 옆에 또 하나의 우물을 손으로 직접 파느라 무진 애를 썼다. 우리가 방문했을 때는 손으로 판 그 우물 곁에 아이들이 모여 초콜릿 우유 빛깔의 물을 마시고 있었다. 내 딸들이 그런 물을 마신다면 당장 달려들어 물그릇을 걷어찼을 것이다. 하지만 여기서는 아무 도리가 없었다. 아이들이 마시던 그 물이 이곳에서는 최선의 선택이었기 때문이다. 기부받은 펌프는 시뻘건 쇳물만 잔뜩 퍼 올리고 있었다.

개리가 워터크레딧 시범 프로그램을 살펴보려고 현지를 찾았을 때 만난 소액대출자들과 비교해보자. 그들이 보여준 새로운 수도꼭지와 변기는 자신들의 필요를 충족하기 위해 스스로 선택한 것이었다. 그것을 얻기 위해 열심히 노력했고, 매일 잘 관리하고 한편으로는 더 개선하기 위해 관심을 기울였다. 개리는 대출자들이 매번 상환 때마다 표기하는 대출카드를 뿌듯한 표정으로 들고 있는 모습도 종종 보았다.

나는 깨달았다. 자신의 삶을 통제할 능력을 갖추는 것, 그리하여 원하는 미래를 결정하고 이를 실현하기 위해 노력하는 것은 물처럼 아주 보편적인 욕구라는 사실을……

동굴처럼 울리던 그 속삭임의 방에서 개리와 내가 나누기 시작한 대화는 이후로 한 번도 끊어지지 않았을 뿐 아니라 (아직까지도 이어지고 있는) 돌고 도는 교류의 출발점이었다. 그 후 몇 개월 동안 우리가 함께 일하는 것이 어떤 의미이고 어떻게 진행될 것인지를 고심하면서도 나는 수시로 질문거리를 들고 개리를 찾아갔다. 솔직히 상당수는 바보 같은 질문이었다. 나도 어리석은 질문일 거라고 짐작했지만, 개리는 더 분명하게 알고 있었다. 그런데도 내 질문 하나하나에 인내심을 가지고 친절하게 답해주었다. 그것은 분명 지혜였다.

대답이 얼마나 훌륭했던지 형 카일과 나는 그에게 아무 질문이나 막던졌다. 이를테면 인생이나 결혼이나 우주처럼 주제와 관련 없는 무작위적인 질문들을 거의 본능적으로 쏟아냈다. 그럴 때마다 개리는 우리에게 다시금 상기시키곤 했다. "물이야, 친구들. 물이라고. 내가 아는 건 그거야!"

이야기가 거듭될수록 워터크레딧에 대한 확신이 강해졌다. 반면 워터크레딧이 우리의 희망을 채워주지 못한다면, 그래서 우리가 내다보지 못한 장애물이 있다면, 이것 역시 몇 년 뒤에 우리가 배우게 될 또하나의 실패 사례로 남을 것이다. 물론 이 길을 걷다 보면 장벽에 부딪힐 수도 있지만, 분명 개리는 다시 털고 일어나 다음 목적지를 향해 곧장 나아갈 사람이었다. 자신이 하는 일에 워낙 헌신적이어서, 적당히 하다가 두 손을 들고 으쓱거리며 "이 정도면 충분하잖아!"라고 말하는 법이 없었다.

그는 더 현명한 해결책을 찾는 데 필요한 과감함과, 멍청한 질문을 던지고는 잘못된 것을 기꺼이 인정할 때 필요한 겸손함을 적절히 갖춘 사람이다. 나는 그의 아이디어에 대해서는 조심스러운 믿음이 있었다. 하지만 그의 사고방식이 나와 쏙 빼닮았다는 것은 절대적으로 확신했다.

그렇게 내 인생에서 두 번째 브로맨스(남자들의 우정-옮긴이)가 시작되었다. 벤 애플렉에게는 모른 척해주길!

"돈 많은 사람들이 사업을 하고 가난한 사람들이 도움을 받는다는
사고방식에서 벗어나야 합니다."

– 무하마드 유누스

5장

Water.org의
시작

시점
개리 화이트

맷 데이먼은 이야기를 참 잘한다. 지구상에서 이런 생각을 한 사람으로 아마 내가 백만 번째는 되겠지만 그를 떠올릴 때마다 그런 생각이 든다.

우리가 CGI의 호텔 연회장에서 만나기 얼마 전, 맷이 물 부족 위기를 주제로 패널 토론에 참여했을 때 나는 청중석에 앉아 있었다. 국제 개발 부문에서 이루어지는 논의들은 대부분 설령 죽고 사는 문제를 다룬다 하더라도 따분하기 짝이 없다. 맷이 발언할 때를 빼고는 말이다. 그가 마이크를 잡을 때면 방 안의 에너지가 충만하고 주변 사람들도 허리를 곧추세우고 그의 말에 집중한다. 물론 맷이 유명 배우여서 그럴 수도 있다. 반대로 맷은 다른 사람들을 감화하는 능력으로 유명 배우가 되었는지도 모른다. 어느 것이 옳든 맷이 그 모든 주제들을 매우 인상적으로 만드는 뜨거운 열정을 나뿐 아니라 그 회의실에 있던 모든 사람들에게 북돋운 것만은 틀림없었다.

패널들이 정리하는 사이에 사회자가 맷에게 생명을 구하는 일을 하는 소감이 어떠냐고 물었다. 우리 모두는 그가 '되돌려주기'의 중요성에 대해 유명 인사들이 늘 하는 소리를 늘어놓고 우리 모두의 선행을 칭찬하며 대화를 마무리할 것으로 예상했다.

그런데 맷의 대답은 뜻밖이었다. 그는 2003년 독일에서 실제로 있었던 식인 남자에 대한 이야기를 불쑥 끄집어냈다. 맷은 이 식인 남자가 전형적인 한니발 렉터 유형이면서도 중요한 예외가 하나 있었다고 설명했다. 자발적 희생자를 찾고 있었다는 사실이다. 남자는 온라인 채팅을 찾아다니며 잡아먹히는 데 동의하는 사람이 있는지 물었다. 그런데 자원자들의 수가 놀랄 정도로 많았다. 그는 신청서를 살펴보고 마음에 드는 사람을 골라 자기 집으로 초대했다. 그러고는 서로를 알기 위해 저녁 식사를 한 후 영화를 보러 나갔다. 〈오션스 일레븐〉! 당신이 짐작한 대로 맷 데이먼이 출연한 영화다.

두 남자는 영화를 보고 밖으로 나왔는데, 희생을 자원했던 남자가 식인 남자를 돌아보며 말했다. "마음이 바뀌었어요. 날 잡아먹지 말아주세요." 그렇게 두 사람은 악수를 하고 헤어졌다.

맷이 말했다. "그래서 내가 적어도 한 명의 생명을 구하는 데 도움을 주었죠."

맷을 알게 된 후로 여러 달 동안 이런 광경을 반복해서 목격했다. 비단 식인 이야기(이런 이야기를 하는 사람은 맷이 유일한 것 같다)뿐 아니라 그가 과거에 보여준 모습도 그랬다. 이를테면 이야기나 통계, 통찰력 등을 완벽하게 전달함으로써 모든 사람들의 관심을 사로잡고, 자신의 사례를 공유해서 다른 사람들의 열정을 끌어냈다. 맷은 지금까지 내가 아는 최고의 커뮤니케이터이다.

그 당시 워터파트너스에 가장 필요한 존재는 맷처럼 뛰어난 커뮤니케이터였다. 우리가 이룬 모든 성과에도 불구하고 물 부족 위기에 관심을 가져달라고 사람들을 설득하는 일은 언제나 힘든 숙제였다. 앞에서 맷이 썼듯이 물 없이 사는 상상을 한 번도 해보지 못한 사람들을 말이다. 또 우리의 접근 방식이 점점 진화함에 따라 그 이야기를 소개하는 내용도 더 복잡해졌다. 초창기에는 잠재적 기부자들에게 식수 시설을 건설하는 데 도움을 달라고 말했다. 매우 직설적인 표현으로 알아듣기도 쉬웠다. 그러나 지금은 우리가 지닌 강력한 해결책을 설명하기가 문제 자체보다 더 어렵다. "식수 시설을 건설하는 데 도움을 주세요." 예전에는 이렇게 간단하게 말했지만 지금은 다르다. "소액금융기관들이 물과 식수 관련 대출 포트폴리오 구축에 따르는 위험을 관리하도록 도움을 주세요." 그렇게 많은 어휘가 사용되지는 않았지만, 내 경험에 비춰보면 이보다 더 적고 분명한 단어들로 표현하기는 매우 어려웠다.

그러니 맷이 이 일에 얼마나 소중한 파트너인지 처음부터 알아보았다. 이후 몇 개월 동안 대화를 계속하면서 맷이 단순히 놀라운 스토리텔링 기술만을 가진 게 아니라는 것도 깨달았다. 정책과 전략을 바라보는 날카로운 시각, 혁신을 위한 헌신, 진지한 목적 의식을 지니고 있었다. 〈피플(People)〉에서 '현존하는 가장 영향력 있는 유명인'을 선정한다면 아마도 맷이 최고의 자리를 거머쥘 것이다. 그동안 우리가 공유한 가치들과 각자 기여해온 서로 다른 장점들을 살펴볼 때, 우리 두 사람이 힘을 합친다면 정말로 특별한 무언가를 해낼 수 있을 것 같았다.

그러나 우리 둘 모두 혼자가 아니었다. 둘 다 각자 이끌고 있는 단체를 책임져야 했다. 그리고 맷과 내가 진정한 파트너십을 맺기 전에 동료들에게도 우리의 비전을 납득시켜야 했다. 서로를 바라보는 시각과 신뢰도에 따라 이 합병이 장점들을 공유하거나 아니면 정체성과 자율성의 희생으로 보여질 수도 있었다. 각자의 단체에서 의견을 내는 것은 마치 결혼 전 양가 상견례와 비슷했고, 보통은 양쪽 모두 새로운 결합에 약간은 회의적이었다.

솔직히 우리 워터파트너스 이사회는 맷에 대해 예민한 반응을 보였다. 유명인이 매력적이지 않은 이 일을 얼마나 진지하게 받아들일까? 싫증을 느끼고 떠나버리지는 않을까? 나는 맷이 나만큼이나 이 일에 진지하며 워터크레딧에 대해서도 장시간 이야기할 수 있다고 (실제로도 그랬다) 설명했다. 하지만 그것으로 의구심을 완전히 해소하지는 못했다. 더욱이 이사회는 맷이 자칫 심각한 스캔들에 휘말려 워터파트너스를 후퇴시키지는 않을까 걱정했다. 맷 본인과 관련해서는 이사회가 우려할 만한 것이 전혀 없었다. 그는 항상 믿음직한 사람으로 비쳐지니까. 문제는 유명인들과 함께할 경우의 직업적 위험이었다. 여기에는 많은 대가가 따른다. 2013년 랜스 암스트롱이 '투르 드 프랑스' 대회 도

중 부정행위를 했다고 고백한 후로, 자신이 설립한 자선단체 '리브스트롱(LiveStrong)' 재단이 '리브롱(LiveWrong),' '라이스트롱(Liestrong)' 등 우스꽝스러운 명칭으로 조롱당했다.[1] 스캔들 이후 몇 년 사이에 연간 기부금 규모는 4,100만 달러에서 250만 달러까지 추락했다.[2]

어떻게 들릴지는 모르겠지만, 나는 느낀 그대로 그가 정말 '나이 든 범생이'처럼 생겼다고 이사들에게 말했다(맷 자신도 그렇게 표현한 적이 있다). 물론 그 자리에 있던 모두가 제이슨 본을 이렇게 묘사하는 데 동의한 것은 아니었다.

맷의 H2O 아프리카 재단 사람들은 정반대의 이유로 나에게 회의적이었다. '물과 위생 개발'이라는 고립된 세상 밖에서는 내가 이른바 유명인이 아니라는 것이다. 다시 말해 나를 아는 사람이 아무도 없다는 뜻이었다. 이전에 H2O 아프리카 재단에서 맷의 파트너 몇 명을 만났고 그들이 나와 맷을 연결해주었지만, 다른 사람들에게는 우리 단체가 최고의 파트너임을 납득시켜야 한다. 내가 맷의 보증인이 되어준 것처럼 맷과 파트너들도 나의 보증인이 되어주었다. 다행히 이 모든 과정이 진행되는 동안 나는 일생에서 가장 큰 영예인 '스콜 재단 사회적 기업가(Skoll Foundation Social Entrepreneur)'에 이름을 올렸다. 이베이(eBay) 전 사장 제프 스콜(Jeff Skoll)이 창립한 이 재단은 매년 수천 명의 사회적 기업가들을 엄격하게 심사하고 이 세상에 체계적인 변화를 창조할 가능성이 가장 높다고 생각되는 몇 명을 선발하여 상을 수여한다. H2O 아프리카 재단의 사람들과 나까지 이 상의 영예를 안으면서 워터크레딧의 가능성이 맷과 내가 말하던 수준에 결코 뒤지지 않으리라는 확신이 더욱 커졌다.

상견례를 마친 보통의 가족들이 그렇듯이 머잖아 우리의 전문가 형제들도 우리의 연합을 받아들였다. 그것도 마지못해서가 아니라 아주 적극적으로. 그리고 2009년 중반에는 합병에 필요한 서류를 만들었다. 새로운 단체에는 새로운 이름도 필요했다. 온갖 아이디어들이 오가는 와중에 내가 10년 전 생각해두었던 인터넷 주소 Water.org에 점점 접근했다. 신선한 표현은 아니지만 요점이 분명했다. 물 부족 문제와 관련하여 무언가 행동에 나서고 싶은 사람이라면 어디로 가야 하는지 곧바로 알게 될 것이다. Water.org. (이 명칭이 진부하게 들리더라도 어쩔 수 없다.)

그해 7월 언론 보도자료와 함께 Water.org를 설립했다. 우리가 관심을 바라지 않았다고 말할 수는 없지만, 그렇다고 과장하고 싶지도 않았다. 화려한 창립식의 커다란 현수막에 떡하니 맷 데이먼의 이름을 인쇄했다가는 메시지를 잘못 전달할 듯싶었다. 게다가 다가오는 CGI 총회에서 Water.org를 소개하는 것이 적절하다고 생각했다. 그러려면 행동 선언(Commitment to Action)도 필요했다. 워터크레딧 아이디어에 맷과 나 모두 흥분했던 것처럼, 우리는 아이티의 현지 파트너들에게 대규모 보조금을 지급하고 그들이 지역사회와 협력하여 식수 시설과 화장실을 설치하는 것을 Water.org의 첫 대형 프로젝트로 결정했다. 아이티는 허리케인으로 거의 800명이 사망하고 수많은 가옥과 건물이 파괴된 이후로 여전히 어려움에서 벗어나지 못하고 있었다. 우리가 2009년 CGI

총회에 참석하던 무렵 아이티에서 깨끗한 물을 이용할 수 있는 인구는 절반밖에 안 되었다. 심지어 도시 지역에서 안전한 위생 시설을 갖추지 못한 비율도 1/3이나 되었다.[3] (더구나 이것은 2010년 비극적인 지진으로 기존에 있던 물과 위생 기반시설의 상당수가 파괴되기 전의 수치였다.) 한 기자는 지진 이후의 상황을 이렇게 묘사했다. "대다수 사람들은 물과 끊임없는 사투를 벌이며 살아갑니다."[4] 장기적으로는 워터크레딧이 더 큰 영향을 미칠 수 있지만, 지금 아이티의 지역사회에는 물과 위생 시설이 긴급하게 필요했고 Water.org가 도움을 줄 수 있었다.

CGI의 중요 무대에서 우리의 다짐을 발표할 기회가 있었다. 2008년에는 맷 데이먼과, 이어서 클린턴 전 대통령과 함께 앉아 물 부족 위기에 대해 논의하며 내 인생에서 가장 멋진 하루를 경험했다. 그로부터 정확히 1년 후에는 그 두 사람과 다시 무대에 서서 Water.org가 5만여 명의 아이티 국민에게 안전한 물과 위생 시설을 지원할 것이라고 발표했다.

그날 발표에서 흥미로운 것이 하나 있었다. 당시의 장면을 온라인으로 검색하면 알 수 있듯이, 그날 맷은 클린턴에게 너무 많은 것을 배운 듯했다. 맷의 정장은 정치인의 전형적인 파란색에 넥타이는 빨간색과 파란색이 뒤섞인 줄무늬였으며, 옷깃에는 성조기 모양의 핀이 꽂혀 있었다. 머잖아 진짜 정치인처럼 사람들을 '친애하는 여러분'이라고 부를 태세였다. 그런데 이런 상황은 우연이 아니었다. 그 무렵 맷은 영화 〈컨트롤러(The Adjustment Bureau)〉에서 정치인 역할을 맡았다. 맷이 실제

유명 정치인들과 함께 있는 장면을 담기에 CGI만큼 좋은 장소도 없었다. 그래서 영화 제작자들이 이곳까지 따라온 것이다. Water.org의 발표가 진행되는 동안 영화 제작자들은 무대에서 클린턴과 악수하는 모습을 촬영했고, 덕분에 나도 1초 동안 카메오로 출연했다.

맷은 나머지 행사에도 영화 제작팀을 동반했다. 그들이 들고 있던 카메라는 뉴스 취재진 카메라보다 약간 컸지만 별 무리 없이 잘 녹아들었다. 그러다 정치적으로 상징적인 인물을 만나면 곧 개봉할 영화에 출연해줄 수 있는지 물었다. 덕분에 물 부족 위기를 주제로 치열한 회의가 진행되던 며칠 동안 정치 전략을 설명하기 위해 참석한 제시 잭슨과 존 포데스타 같은 사람들의 모습도 즉석 촬영되어 영화에 삽입되었다. 전 국무장관 매들린 올브라이트도 맷과 함께 있는 장면을 활용하여, 지정학적 전략 논의에서 대체로 무시당하는 국가들에 관심을 가져야 하는 이유를 역설했다.

유명 영화배우와 함께 일하는 게 어떠냐고 묻는 사람들이 많다. 나는 이 질문에 명쾌하게 대답하지 못한다. 오직 한 명의 영화배우와 일했을 뿐이며, 그조차도 우리가 평소에 만나는 사람들과 다를 바 없이 평범한 사람이기 때문이다. 그러나 CGI 여정에서 보여주듯이, 가끔은 초현실적인 일이 벌어지기도 한다.

Water.org를 설립한 후로 워터크레딧은 빠르게 성장했다. 앞서도 말했듯이 사람들은 맷의 말을 듣고 싶어 했다. 이제는 맷에게 귀 기울이는 것이 곧 우리의 이야기를 경청한다는 의미다. 사람들이 관심을 가지면서 워터크레딧의 효과는 점점 더 늘어났다. 워터파트너스는 내가 이곳에 몸담은 내내 33만 5천 명에게 안전한 물과 위생 시설을 보급했다. 그런데 Water.org가 탄생한 지 불과 몇 년 후인 2012년에는 100만 명에 도달했다.

소액대출 프로그램이 성공적이라는 증거가 계속 쌓이는 데다 스콜 재단의 보증까지 뒷받침되니, 과거보다 훨씬 많은 사람들에게 보다 빠른 속도로 다가갈 수 있도록 대규모 재단들에게 기금을 요청하기도 수월했다. 마이클 & 수전 델 재단과 세계 최대 생활용품 기업 중 하나인 레킷(Reckitt)은 각각 5만 명에게 물과 위생 시설을 제공할 수 있는 기금을 지원했다. 그리고 펩시코 재단은 거의 300만 명에게, 캐터필러(the Caterpillar)와 이케아 재단(Ikea Foundation)은 600만 명 이상에게 다가갈 수 있는 기금을 지원했다.

국제개발 부문의 시범 프로그램을 통해 효과적으로 작동하던 아이디어가 막상 광범위하게 확대되면 부진한 결과로 이어지는 경우가 종종 있다. 모든 성공이 확장 가능한 것은 아니다. 하지만 우리의 경우는 그 반대였다. 워터크레딧은 규모가 커질수록 성공적이었다. 소액금융기관들의 대출 프로그램 관리 능력이 향상되었고, 더 많은 소액대출이 가능했으며, 상환 비율도 상승했다. 최근에는 대출받은 100명 중 99명이 만료일 내에 완납했다.

이 모든 결과가 단순히 워터크레딧을 검증하는 것만은 아니었다. 이 것은 물 부족 위기뿐 아니라 더 보편적인 사안들도 자선 방식이 정답이 아니라는 반증이었다.

자선 활동을 부정적으로 묘사하면 불편한 느낌이 들 수 있다. 하지만 자선 활동을 폄하하려는 생각은 전혀 없다. 자선은 언제나 좋은 의도에 서 비롯되며 사람들에게 더 나은 삶을 선사한다. 그리고 자선도 물 부 족 위기처럼 거대한 숙제를 해결하는 하나의 방식이다.

나는 빈민들을 오로지 자선의 대상으로만 바라보는 데 문제가 있다 고 생각한다. 빈민에게는 우리의 도움이 필요하다는 말만 듣는다면, 그 들의 문제를 우리가 해결할 수 있다는 말만 듣는다면, 우리는 그들을 '버거운 문제에 직면한 무기력한 무리'로 규정해버린다. 이런 시각으로 는 그들이 지닌 다양성과 역량을 볼 수 없다.

예를 들어 당신은 '아무것도 가진 것 없는 사람들'을 위해 기부해달 라는 요청을 받은 적이 있을 것이다. 굳이 따져보자면, 당신이 매년 수 만에서 수십만 달러의 수입을 올리는 데 비해 하루에 고작 1~2달러나 4달러 정도를 버는 사람은 '거의 아무것도 없는' 것처럼 보인다. 이 정 도 수입은 거의 없는 것과 다름없는 아주 하찮은 수준이다.

그런데 오랫동안 빈민촌 사람들과 대화를 나눠보면 이 작은 차이가 얼마나 중요한지 알게 된다. 하루 1달러의 수입이 2달러가 되면 100퍼 센트 증가한 것이다. 하루 2달러에서 4달러로 뛰는 것 역시 2배 늘어난 것이다. 우리 월급이 2배가 되면 어떤 일이 벌어질까! 마찬가지로 수입이 크게 늘면 빈민들의 삶도 크게 달라진다. 나는 깨끗한 물을 구할 수도 없는 데다 물을 담을 플라스틱 통 하나를 더 살 여유조차 없는 사람들을 만났다. 앞에서 소개했듯이 유조차로 날라온 더러운 물을 사려고 상당히 많은 돈을 쏟아부어야 했던 사람들도 만났다. 둘 다 빈곤에 갇혀 있지만, 빈곤의 수준에는 차이가 있다. 두 부류의 사람들은 지금 매우 다른 삶을 살아가고 있다.

비즈니스 세계라면 시장을 세분화할 필요가 있다고 말할 것이다. 물론 세상에는 수입이 (있더라도) 너무 적어서 자선에 기댈 수밖에 없는 사람들도 있다. 하지만 여기에만 집중한다면, 즉 그들 앞에 놓인 장애물을 대신 치워주려고만 한다면 그들 중 상당수는 스스로 일어설 준비가 되어 있다는 사실을 간과하기 쉽다.

그러면 큰 기회를 놓치는 셈이다. 빈민들은 자신들의 미래를 위해 아주 작은 투자라도 할 수 있다면 어떻게든 최대한의 가치를 뽑아낼 줄 아는 사람들이다.

워터크레딧을 운용하던 지역사회들을 방문했을 때 이 사실을 확인했다. 이 여정에서 우리는 재닌(Janine)과 비슷한 처지에 있는 여성들을 만났다. 맷과 내가 재닌을 만난 것은 2019년 필리핀을 방문했을 때였다. 세 아이를 둔 재닌은 우리처럼 가족을 위해 최선을 다하는 평범한 젊은 엄마로서 가정의 모든 수입과 지출에 놀라울 만큼 전략적이었다. 그녀는 아이들이 어릴 때 어려운 결정을 했다. 임금이 높은 바레인으로 가서 번 돈을 집으로 송금하기로 한 것이다. 벽에는 바레인으로 떠나기 전에 찍은 가족사진이 걸려 있었다. 이제 막 걷기 시작한 딸아이의 얼굴은 아직 젖살이 포동포동했다. 그랬던 아기가 재닌이 필리핀으로 돌아왔을 때는 깡마른 아이가 되어 있었다. 자녀가 성장하던 시기에 함께할 수 없었던 부모의 마음이 어떠할지 나는 짐작조차 할 수 없었다.

그러나 재닌의 희생으로 가족은 그동안 바라던 새 출발을 할 수 있었다. 집에 돌아온 그녀는 몇 차례 연속해서 소액대출을 받고 전액을 상환했다. 처음에는 식료품 판매와 신선육 배달 사업을 시작하기 위해 대출을 받았고, 이 돈을 상환한 후에는 가족이 거처할 괜찮은 집을 짓느라 다시 대출을 받았고, 마침내는 수도를 연결하기 위한 대출로 이어졌다. 이렇게 발전을 거듭하면서 재닌의 가족은 마침내 지긋지긋한 가난의 구렁텅이에서 벗어났다. 가정으로 들어오는 돈은 늘어나고 나가는 돈은 줄어들면서 가족이 바라는 미래를 건설할 시간과 에너지도 점점 늘어났다.

내가 방문한 모든 지역사회에서 이와 같은 결단을 목격했다. 가나에서 만난 엄마이자 할머니였던 플로렌스 와스와(Florence Waswa)가 떠오른다. 대부분 하루에 3달러도 안 되는 돈으로 살아가는 여성이었다. 자전거를 타고 가족이 사용할 물을 구하러 다니느라 더 많은 돈을 벌 기회조차 없었다.

그러다 와스와는 275달러의 대출을 받았다. 그녀는 이 돈으로 집에 양수기와 저수조를 설치했다. 그 물을 이용하여 채소를 기르고, 새로 산 돼지들에게도 그 채소의 일부를 먹인다고 했다. 또 그 물을 이용하여 진흙 벽돌을 만들어 팔기도 했다. 이 벽돌을 판 돈으로 집에 방을 몇 개 더 만들고 세를 놓아 또 다른 수입원을 만들었다. 더구나 사용하고 남은 물을 이웃에 팔아 손자 손녀들을 학교에 보낼 비용까지 마련했다. 끊임없이 물을 구하러 다녀야 하는 무거운 짐에서 해방되자 그녀의 잠재력이 쏟아져 나온 것이다.

이런 이야기들을 많이 접하다 보니, 세상 어느 곳에 살든 사람들은 자신의 삶을 개선하려는 근원적인 욕구를 가지고 있다는 것을 실감했다. 더 나은 무언가를 만들어가기 위한 욕구 말이다. 가족의 현재 삶과 더 나은 미래를 위한 희생과 투자에 대해 많은 이야기를 들었다. 그들은 미국 같은 나라에서 살아가는 우리보다 훨씬 거대한 장벽에 직면하고 있었다.

필리핀과 가나를 비롯한 세계 각국의 수많은 사람들이 이 장벽을 극복하고 있었다. 흥미로운 사업 아이디어나 놀라운 자녀 교육 계획, 저축 목표를 세우고 그것을 이룬 사례는 무궁무진하다. 전기를 사용하기 위해 전선을 설치하고, 요리하기 위해 야외에 불을 피울 필요 없는 가스레인지를 구입하고, 비를 막아줄 지붕을 설치하는 가족들도 있었다. 스스로 빈곤에서 벗어나기 위해 애쓰는 가족들을 나는 직접 지켜보았다.

이것은 거대한 세계 변혁의 한 축이었다. 내가 이 일을 시작한 1980년 대 이후로 엄청나게 많은 가구들이 빈곤에서 벗어났고, 그들을 둘러싼 세상까지 바뀌었다. 지난 수십 년 동안 저임금 국가들을 찾아다니면서 내 눈으로 똑똑히 확인했다. 더러는 5년이나 10년 동안 찾지 않았던 곳을 방문했다가 거의 알아볼 수조차 없을 만큼 변한 모습을 발견하기도 했다. 빈민촌이나 황무지가 있던 자리를 지금은 번화한 거리와 활기찬 시장, 아파트 건물들이 차지하고 있었다. 세상은 바로 내 눈앞에서 스스로 달라지고 있었다. 지금껏 내가 본 가장 희망적인 풍경이었다.

극심한 빈곤이 여전히 계속되고 있고 이런 광경을 바라보는 것조차 가슴 아프다는 이유로, 이런 긍정적인 변화를 외면할 수도 있다. 너무 많은 사람들이 여전히 고통받고 있는데, 상황이 이만큼이나 좋아졌다고 말하는 것도 철부지 같은 소리로 들릴 수 있다. 그러나 우리는 동시에 2가지 현실에 집중할 수 있고 또 그래야만 한다. 우리 주변에서 일어나고 있는 긍정적인 변화를 무시한다면, 이 시대의 가장 중요한 진보 사례에 눈을 감아버릴 수도 있기 때문이다.

내가 이런 사고방식에 눈을 뜨도록 이끌어준 사람이 있다. 스웨덴 출신의 의사이자 세계 보건학 교수였으며 몇 년 전에 작고한 한스 로슬링(Hans Rosling)이다. 그는 지금까지 내가 만난 어느 누구보다 빈곤에 대해 명쾌하게 설명했고, '지구촌의 파멸적 무지'[5]를 타파하기 위해 평생 전 세계를 돌아다니며 애쓴 분이다. 그가 어디를 가든 사람들에게 거의 예외 없이 던지는 질문이 있다. "지난 20년 동안 빈곤한 삶을 살아가는 인구의 비율이 얼마나 변했을까요?"

A) 거의 2배로 늘어났다, B) 거의 비슷하게 유지되고 있다, C) 거의

절반으로 줄었다.6

전 세계에서 로슬링의 질문을 받은 사람들의 93퍼센트(미국은 95퍼센트)가 A 또는 B라고 답했다. 거의 모든 지역의 거의 모든 사람들이 틀렸다는 뜻이다. 정답은 C이다. 지난 20년 동안 빈곤한 삶을 살아가는 인구의 비율은 절반으로 줄었다. 내가 그처럼 놀라운 발전을 목격한 지역사회들이 사실은 특별한 사례가 아니었던 것이다. 그저 전 세계적으로 일어나고 있는 변화의 대표적인 사례였을 뿐이다. 하지만 이런 변화를 이야기하는 사람은 거의 없다. 로슬링이 지적한 대로, 이 질문만큼은 무작위로 선택하는 원숭이가 오히려 사람보다 더 정확할 것이다.7

로슬링은 극심한 빈곤이 줄어드는 것은 "(자신의) 일생 동안 세상에서 일어난 가장 중요한 변화"라고 말했다. 극빈 상태에서 벗어나는 것만큼 사람의 인생에서 많은 고통을 줄여주는 단 하나의 변화도 없을 것이다. 극빈의 종식이란 더 이상 수확기 사이 '기근의 시기'가 없다는 뜻이다. 쉽게 예방할 수 있는 질병인데도 가장 기본적인 약조차 구하지 못해 죽는 일이 없다는 뜻이다. 또한 먼 곳에 있는 우물까지 걸어가 더러운 물을 양동이에 담아 오느라 시간을 허비할 필요 없다는 뜻이다.

게다가 이러한 변화는 놀랍도록 빠르게 진행되고 있다. 옥스퍼드 대학교 연구원 맥스 로저(Max Roser)는 몇 년 전 이렇게 말했다. "신문들은 지난 25년 동안 매일 '극빈층 인구가 어제보다 13만 7천 명 줄었다'는 표제를 달 수도 있었다."8

달리 말하면, 앞으로 수십 년 동안 수억 명이 극빈 상태에서 벗어나 엄청난 경제 성장의 원동력이 될 수 있다는 뜻이다. 투자가 계속 이어지면 그들도 가난의 고리를 끊고 더 나은 삶을 살아갈 것이다. 그리하여 부가 수입이 늘어날 때마다 더 많은 능력을 발휘해 자신들의 성장을 더욱 가속화할 것이다.

빈곤한 사람들을 바라보는 시선이 이렇게 변한다면, 부유한 세계의 사람들이 빈민들을 마치 해결해야 할 문제처럼 언급하던 화법도 이제는 무의미해질 것이다.

이제는 대접해야 할 시장으로 바라보기 시작할 것이다.

우리가 Water.org에서 깨달은 것이, 그동안 꼭 이루어야 했던 바로 이런 사고방식의 변화였다. 부유한 나라 사람들은 살아남기 위해 필사적으로 싸우는 사람들을 무기력한 존재로 바라보고, 자신들의 동정과 자선만이 그들에게 더 나은 미래를 선사하는 듯이 말하는 것을 당장 멈춰야 한다. 모두가 그들의 잠재력을 제대로 바라보고, 그들의 장점과 야망, 진취적인 자세를 존중하며, 그들 스스로 능력을 계발할 수 있도록 도움을 주기 바란다.

Water.org를 설립할 때부터 알고 있던 클린턴 전 대통령은 최근의 상황과 성과들을 늘 보고 듣고 싶어 했다. 이 아이디어와 잠재력을 누구보다 잘 알고 있었던 그는 설립 후 몇 년 뒤에 마치 주문처럼 보이는 충고의 글도 보내주었다. 그 글에는 이렇게 적혀 있었다. "그냥, 계속해서 수치를 끌어올리세요."

실제로 우리는 그렇게 했다. 우리는 점진적인 변화를 추구하는 그저 그런 '물 관련 비정부기구'가 아니라는 사실을 입증했다. 혁신하고, 더 효과적이고 확장 가능한 해결책을 모색하는 것이 우리의 사업이었다. 그리고 이 사업이 성공하기 위해서는 우리의 해결책들이 어느 곳에서든 효율적으로 작동해서 누구도 무시할 수 없을 정도가 되어야 한다는 것도 알고 있었다. '보조금을 활용한 지역사회 물 프로젝트'를 중단하겠다는 가슴 아픈 결정을 내린 이유도 여기에 있었다. 당시에는 수많은 NGO들이 이 모델을 추구했지만, 우리는 워터크레딧에 에너지를 집중하면 훨씬 많은 사람들에게 다가갈 수 있다고 생각했다.

획기적인 진전을 통해 수치를 끌어올리려면 우리 팀 전체의 많은 노력이 필요했다. 처음에는 모두 자원봉사자들이었지만 어느 순간부터 나를 기점으로 모든 업무를 도맡기에 이르렀다. 하지만 진정한 혁신에는 최고의 인재가 필요한 법이다. NGO의 재정으로는 유능한 인재를 고용하기가 쉽지 않았다. 하지만 우리의 영향력이 확대되면서 더 많은 기부자들이 동참했고 우리의 수입도 계속 늘어났다. 또한 우리는 물과 관련하여 기존의 자선형 패러다임을 타파하는 혁신가 팀이라는 평판도 얻었다. 이런 평판 덕분에 열정과 헌신과 기술을 가진 사람들을 채용할 수 있었다. 나는 회장 자리를 새로 만들어 하버드 MBA 출신으로 매우 박식하고 헌신적인 제니퍼 쇼쉬(Jennifer Schorsch)를 영입했다. 그리고 다양한 전문성을 지닌 사람들로 팀을 구성했고, 현재는 재무와 소액금융 부문의 뛰어난 전문가들을 포함하여 130명 이상으로 늘어났다.

이렇게 강력한 팀을 등에 업은 우리는 새로운 지역에서 새로운 파트너들도 찾아냈다. 아울러 사업 영역을 전 세계로 확장하면서 소액금융기관뿐 아니라 필리핀의 캄룰 타라프더(Kamrul Tarafder), 페루의 아나 마리아 제가라 레이바(Ana Maria Zegarra Leyva), 케냐의 제임스 므왕기(James Mwangi) 같은 은행업계 지도자들에게도 많은 것을 배웠다. 우리의 모델을 다른 상황에 접목할 때마다 뛰어난 전문가들이 많은 도움을 주었다.

정말로, 정말로 빠르게 움직이기 시작했다. 이 일을 처음 시작할 때는 1980년대에 경험한 것과 비슷한 느낌을 받았다. 머지않은 미래에 정말로 물 부족 위기를 영원히 종식할 수 있을 것 같았다. 하지만 이번에는 청춘의 순진함이 아니었다. 나의 가장 크고 대담한 야심들이 이번만큼은 실제 증거를 기반으로 하고 있었다. 하지만 우리의 신뢰도를 유지하려면 대의적으로 조금 더 자제하고 조금 더 신중하고 조금 더 책임있게 행동할 필요가 있었다. 그래서 인터뷰나 패널로 나간 자리에서 우리의 목표를 언급할 때 맷과 나는 서로 눈치를 주며 조심하고 또 조심했다.

하지만 지역사회가 스스로 빠르게 혁신하는 광경을 바라보고 있자니 나의 열정을 속으로만 담아두기가 너무 힘들었다. 그맘때쯤 이사회 구성원과 컨설턴트 전원이 모여 전략 회의를 가졌다. 회의실에는 약 20명이 모였다. 어느 순간 누군가 Water.org의 최우선 목표를 어떻게 규정할 것인지 물었다. 나는 생각할 겨를도 없이 사석에서 맷과 이야기했던 목표를 불쑥 내던졌다. "우리가 살아 있는 동안, 물 부족 위기를 해결하고 싶습니다."

무거운 침묵이 흘렀다.

당시 이사회 의장이던 린 탈리엔토(Lynn Taliento)는 맷을 바라보며 마치 이런 말을 하는 듯한 표정을 지었다. "저 친구 제정신이에요?" 내가 그를 쳐다보았을 때도 똑같은 표정을 지었다. 어색한 웃음이 스쳤다. 아마 나보다 어색했던 사람도 없었을 것이다. 그때 누군가 물었다. "누가 살아 있는 동안을 말하는 거죠? 여기서 누가 가장 젊고 가장 건강하죠?" 갑자기 대화가 엉뚱하게 생애주기 통계표로 흘러가며 누가 우리의 일을 연대순으로 정리할 수 있을지 따지고 있었다. 내 말은 전 세계의 물 부족 위기를 해결하는 것은 물론 대담한 목표이지만 머나먼 저 제상의 터무니없는 목표가 아니라는 뜻이었다. 암이나 에이즈 치료제를 찾는 것처럼 기술적 혁신이 필요한 문제는 아니었다. 또한 이스라엘과 팔레스타인의 분쟁을 해결하는 것처럼 거대한 외교적 도전과 협상, 고통스러운 양보가 필요한 것도 아니었다. 이 문제를 해결하기 위해 필요한 것은 첫째, 문제 해결이 가능하다는 인식이요, 둘째는 이것을 가능하게 할 자원이었다.

둘 다 만만한 일은 아니다. 그러나 바라보는 시각을 바꾸면 우리가 살아 있는 동안 이 일을 해낼 수 있다는 것도 무책임한 말은 아니다. 오히려 그 반대가 무책임해 보인다. 할 수 없다고 말하는 것이 도리어 상상력과 의지력의 결핍으로 보인다.

결국 나의 즉석 발언이 그날의 전략 회의 결과를 정리한 백서의 제목이 되었다. 우리는 그 백서를 '우리가 살아 있는 동안(In Our Lifetime)'이라고 불렀다. 그 후로 이것은 Water.org의 핵심 목표를 규정하는 문구가 되었다. 우리의 사명은 단순히 세계의 물 부족 위기를 해결하는 것이 아니다. 우리의 사명은 우리가 살아 있는 동안 그 문제를 영원히 해결하는 것이다.

"지난 20년 동안 빈곤한 삶을 살아가는 인구의 비율이 얼마나 변했을까요?"

- 한스 로슬링

6장

빅 아이디어,
두 번째 시도

2013년, 개리와 나는 낙담한 채로 인도 남동부를 가로지르는 길 위를 몇 시간째 달리고 있었다. 교통체증 때문은 아니었다.

워터크레딧 프로그램을 운용하는 지역을 방문하는 일은 거의 언제나 즐거움으로 가득했다. '물과 위생 대출'을 받은 여성들과 이런저런 대화를 나누고, 매일 남는 시간을 어떻게 활용하는지 이야기를 듣는 것도 즐거웠다. 학교를 찾아가 아이들과 함께 노래도 불렀다. "우리는 이렇게 양치해요, 양치해요, 양치해요. 아침 일찍, 우리는 이렇게 양치해요." 소액금융기관(MFIs) 관계자들을 만났을 때도 늘 즐거운 소식을 들었다. 대출금이 99퍼센트 상환되고 있다는 것이었다.

그러나 이번 여행에서는 몇몇 기관의 분위기가 이전과 사뭇 달랐다. 크게 우려할 정도는 아니었다. 지금까지 몇 개월 동안 대출 프로그램이 우리가 생각했던 것만큼 많은 주민들에게 다가가지 못하고 있다는 말은 이미 들어 알고 있었다. 상환율은 문제가 아니었다. 그럼 뭐가 문제지? 그걸 알고 싶었다.

이 여행에서 MFIs 관계자들을 만날 때마다 우리는 똑같은 질문을 했다. "지금 가장 심각한 걸림돌이 무엇입니까?" 그들의 대답은 말 그대로 판박이였다. 이를테면 '가용 자본에 대한 지속적인 접근성 확보'가 핵심이었다.

주민들에게 지속적으로 대출을 해주는 것이 MFIs가 직면한 가장 큰 어려움이었다. 200달러의 대출을 심사하고 관리한다고 해서 2만 달러를 집행할 때보다 노력이 덜 드는 것은 아니며, 우리가 일하는 국가들 대부분은 인플레이션이 매우 높은 수준이었다. 따라서 MFIs가 비용을 회수하고 적정 이윤을 창출하려면 이자를 더 높여야 했다.

대부분의 MFIs는 이런 어려움을 조율할 방법을 찾아냈다. 보통은 MFIs에서 물과 위생 대출을 유의미한 수준으로 확대하려 할 때 본질적인 문제가 발생했다. 그러려면 더 많은 돈이 필요한데, 사무실 뒤쪽 어딘가의 금고에 보관된 정도로는 역부족이었다. 말하자면 훨씬 많은 돈이 필요했다. 대형 시중은행에서나 빌릴 수 있는 정도의 돈 말이다. 그러나 대형 은행들은 수입도 변변찮은 가난한 사람들이 대출금을 어떻게 상환할 수 있는지 이해하지 못했다. 그들에게는 완전히 생소한 아이디어였다. 따라서 위험에 따른 원가를 높게 책정해서 MFIs에게 매우 높은 이자를 요구했다. 그것이 약 15퍼센트였다.

MFIs가 대출을 관리하는 데 드는 비용과 대형 은행에 지불할 이자에 약간의 이윤까지 덧붙인다면, 지구상에서 가장 가난한 고객들에게 부과해야 하는 금리는 대략 25퍼센트에 이른다. 대부분의 금리가 이 정도 수준에서 시작한다. 다른 방법이 전혀 없는 게 아니라면 절대 신용카드 대출을 받지 말라는 말을 들은 적이 있을 것이다. 그만큼 금리가 높기 때문이다. 실제로 미국의 신용카드 평균 금리는 16퍼센트 수준이다.[1]

MFIs는 사람들을 빚더미에 주저앉히는 게 아니라 어떻게든 일으켜 세우려 했다. 그래서 머잖아 금리를 낮추지 못하면 대다수 기관에서 더 많은 대출을 중단할 수밖에 없었다.

'가용 자본에 대한 지속적인 접근성 확보.' 그들이 늘 우리에게 했던 말이다. 그리고 이것이 그들에게 필요한 것이었다. MFIs가 충분히 빌릴 수 있는 자금원을 확보하기 전까지는 그들의 대출도 심각한 한계에 이를 수밖에 없었다.

워터크레딧에 대해 개리와 내가 그토록 흥분했던 바로 그 이유, 대담하게도 물 부족 위기를 영원히 종식하겠다고 공표했던 그 이유는, 원하는 모든 이들에게 충분한 대출을 할 수 있다고 생각했기 때문이다. 그러나 여기서, 이미, 한계에 이른 듯싶었다. MFIs가 가용 자본의 안정적 흐름을 확보할 방법을 찾지 못하면 우리는 결코 그 한계를 넘어설 수 없었다.

개리와 내가 함께 일하기 시작하던 무렵, 우리는 벤 애플렉이 시나리오를 집필할 때 만들었던 규칙 하나를 받아들였다. "내 좋은 아이디어가 정말로 얼마나 좋은지 판단해주세요. 내 나쁜 아이디어가 얼마나 나쁜지 판단해달라는 게 아니라." 그날 인도에서 개리와 내가 지프차 뒷자리에 앉아 있을 때, 나는 어쩌면 아주 나쁜 아이디어일 수도 있는 말을 스스럼없이 꺼냈다. "이 기관들이 가용 자본을 확보할 수 없다면, 우리가 그들을 위해 자본을 모으면 되지 않을까요?"

내가 자랄 때 아버지 켄트 데이먼은 주식중개인이었다. 그래서인지 그들이 말하는 것처럼 돈에 관한 한 위험을 감수할 필요가 있다는 것도 알았다. 내 눈에는 우리가 건드려봄직한 거대한 돈의 풀(pool)이 저 건너에 있는 듯 보였다. 개리가 앞에서 언급했듯이 전 세계의 수많은 기관들이 매년 개발 원조로 기부하는 금액은 1,610억 달러 정도이다.[2] 엄청난 규모이다. 그런데 세계 경제의 자본 규모는 약 250조 달러이다.[3] 훨씬 더 큰 규모이다. 1,500배도 넘는 어마어마한 수준이다. 비영리단체들은 이런 돈에 눈독 들이지 않는다. 투자자본, 즉 금전적 보상을 얻을 목적으로 투자하는 돈이기 때문이다. 기업의 자선 활동뿐 아니라 개인들이 Water.org에 기부한 돈에는 이런 기대가 따르지 않는다. 자선 활동에서 기부는 그야말로 기부일 뿐이다. 다른 사람들이 더 나은 삶을 살 수 있도록 그냥 주는 것이지 되돌려받는 돈이 아니다. 그렇다면 사람들이나 단체들에게 다른 방식으로 기여해달라고 요청하는 것은 어떨까? 돈을 그냥 주는 것이 아니라 투자를 하고 약간의 이익을 얻는 방식은 어떨까?

개리는 이와 같이 투자자본을 유치하여 사업을 진행하는 몇몇 단체들을 알고 있었다. 그는 우리가 잘해낼 수 있을지 확신하지는 못했지만 우리라고 그렇게 하지 못할 이유도 없다고 생각했다. 물론 나도 그랬다. 개리에게도 말했듯이, 나는 사람들의 삶을 개선한다는 보장이 있으면 약간의 위험과 낮은 수익 정도는 얼마든지 받아들일 투자자들이 있다고 확신했다. 당연히 나 또한 그럴 테니까. 또 그렇게 시작할 수도 있다는 것을 깨달았다. 그래서 내가 말했다. "우리가 이 일을 한다면 내가 맨 먼저 투자할게요."

여행 마지막 밤, 우리는 인도의 몇몇 MFIs 리더들을 방갈로르에서 개최한 만찬에 초대했다. 개리가 그들에게 물었다. "여러분들이 지불하는 이자의 절반으로 우리가 자본을 지원한다면, 여러분은 얼마나 더 많은 사람들에게 대출해줄 수 있을까요?"

관계자들 중 한 명이 말했다. "2배 정도요."

개리가 또 물었다. "얼마나 빨리 시작할 수 있을까요?"

이 대답도 바로 나왔다. "내일부터요."

당신이 가까운 시일 내에 사용하지 않을 돈을 은행에 보관하고 있다가 그 돈으로 무언가를 해보려고 할 때 선택할 수 있는 것은 2가지다. 그중 일부를 세상에 좋은 일을 하는 비영리단체에 기부하거나, 또는 당신의 재정을 불릴 수 있는 투자를 하는 것이다. 첫 번째 경우에서 되돌아오는 것은 없다. 그리고 두 번째는 최대한의 수익을 추구한다.

개리와 내가 제안한 방식은 이 2가지 범주에 속하지 않는다. 자선이나 박애적 기부도 아니고, 최대한의 수익을 실현하기 위한 투자도 아니다. 우리의 방식은 그 중간쯤 어딘가에 있다. 그리 급진적인 발상은 아니다. 그 중간의 범위가 꽤 넓지 않은가? 그러나 이 아이디어를 시험하기 위해 자선과 금융 부문의 똑똑한 사람들과 가능성을 타진해보면서 왠지 쉽지 않을 듯한 예감이 들었다. 많은 사람들에게 기부와 투자는 마치 사과와 오렌지만큼의 괴리가 있었고, 순진하게도 우리는 사람들에게 사과맛 오렌지를 선보이려고 했던 것이다.

그 무렵에 《상식 밖의 경제학(Predictably Irrational)》을 읽었더라면 이런 반응을 예측했을지도 모른다. 이 책의 저자인 행동경제학자 댄 애리얼리(Dan Ariely)는 누구나 서로 완전히 다른 규범 체계 속에서 살아가며 상황에 따라서도 다른 규범 체계를 적용한다고 주장한다. 먼저 사회규범에 따라 우리는 이타적으로 타인에게 베풀고 그들이 원하는 것을 얻을 수 있도록 도움을 주려고 한다.[4] 그리고 정반대의 시장규범에 따라서는 효율적이고, 독립적이며, 최소한의 희생으로 최대한 얻으려고 한다.[5] 시장규범과 사회규범의 우선순위가 서로 충돌하기 때문에 2가지를 동시에 준수하기는 어렵다. 그 대신 둘 사이를 왔다 갔다 한다. 애리얼리는 이렇게 말한다. "시장규범이 머릿속에 들어오면 사회규범은 떠나간다."[6]

이런 사례는 매우 많다. 애리얼리가 소개한 사례 중에, 저렴한 비용으로 은퇴자들에게 법률 서비스를 제공하는 미국은퇴자협회(AARP)가 있다. 언젠가 AARP에서 변호사들에게 상담 비용을 시간당 30달러로 낮춰달라고 요청했다. 그런데 이 요청을 받아들인 변호사는 아무도 없었다. 이번에는 방법을 완전히 바꿔 무료 상담 서비스를 요청하자 갑자기 다수의 변호사들이 여기에 응했다. 30달러에도 안 하겠다던 변호사들이 왜 무료로 하겠다고 했을까? 그 이유는 AARP가 알고 한 건 아니겠지만, 시장규범(변호사들에게 최악의 거래로 들렸다)의 영역에 있던 요청을 사회규범(시간을 고귀한 일에 사용하라는 뜻으로 들렸다)의 영역으로 바꿨기 때문이다.[7]

사람은 동시에 2가지 규범을 따를 수는 없기에 그 2가지는 완전히 다른 영역을 점유한다. 그래서 기업은 당연히 이윤을 지향하는 반면 비영리단체는 비영리적 동기를 지향한다. 가끔은 하나의 재단에서 2가지를 절반씩 나눠서 진행하기도 한다. 하나의 하위문화를 형성하는 집단의 사람들은 재단의 투자금을 관리하며 기금을 늘리기 위해 노력하고, 이와 상반된 하위문화에 속한 사람들은 그 돈을 나눠주는 일을 한다.

환경을 오염시키는 화석연료 회사에 돈을 투자하는 한편 여기서 얻은 수익을 기후 변화에 대응하는 단체들에 기부하는 재단처럼 아주 특이한 형태가 등장하기도 한다.

이런 사례는 제쳐두더라도 2가지 규범이 표면적으로는 잘못된 게 없어 보인다. 사업에 투자해서 돈을 벌고 자선으로 돈을 쓴다. 그러나 괜찮지 않다. 결과적으로 대규모의 부적절한 자원 배분이 일어나기 때문이다. 세상에 좋은 일을 하는 단체들이 250조 달러의 투자자본에 접근조차 할 수 없다면, 이 단체들에게 허용된 것이 매년 개발 원조로 지원되는 1,950억 달러뿐이라면, 우리는 세상에 존재하는 자원의 0.8퍼센트만을 세상에서 가장 어려운 문제들을 해결하는 데 쓰는 셈이다.[8] 결코 성공할 수 없는 공식이다.

그러나 우리는 자신의 안녕과 세상의 미래를 동시에 살필 수 있어야 한다. 이 점에 대해서는 내가 앞에서 언급한 권위자를 다시 소개하려 한다. 바로 내 어머니 낸시 칼슨-페이지다.

내가 대학에 다닐 때 어머니는 세상에 해로운 존재라는 이유로 절대 투자하지 않겠다고 선언한 기업 목록을 가지고 있었다. 환경을 오염시키는 기업은 말할 것도 없고 인권 침해를 자행한 기업들도 포함되었다. 그때도 훌륭한 발상이라고 생각했지만, 보통의 부모 자식 관계가 그렇듯이 나도 어머니가 얼마나 시대를 앞서간 분인지 깨닫기까지 꽤 오랜 시간이 걸렸다. (내 아이들에게도 이 점을 강조했지만 아직까지는 반응이 신통치 않다.) 개리와 내가 금융을 살펴보기 시작한 이후에야 어머니가 훗날 '임팩트 투자(impact investing, 재무적 수익과 사회적 긍정 효과를 동시에 추구하는 투자 방식-옮긴이)'로 알려진 물결의 초창기 일원임을 깨달았다.

임팩트 투자는 '투자 회수(divestment)'라는 개념으로 시작한다. 이것은 어머니가 자신의 포트폴리오에 실제로 적용한 개념으로, 비윤리적인 대상을 투자에서 가려내는 것을 말한다. 퀘이커교도나 감리교도 같은 일부 종파도, 노예제도와 전쟁에서 이익을 취하는 것에 반대하던 1700년대부터 이 개념을 적용해왔다.[9] 하지만 이 개념은 대학과 노동조합, 비영리단체들이 담배나 총기 등을 판매하는 회사에 대한 투자를 철회하며 더욱 비판적인 눈으로 바라보기 시작한 1960년대 말까지도 주류로 부상하지 못했다.[10, 11]

이와 유사한 운동이 1980년대 중반까지도 암암리에 전개되었다. 이 무렵 사회운동가들은 아파르트헤이트(Apartheid, 남아프리카공화국의 극단적 인종차별 정책-옮긴이) 시절의 남아프리카공화국과 관련된 사업에서 자본을 회수하라고 투자자들에게 압력을 행사하기 시작했다. 내가 대학을 다닐 때는 대학생들이 투자 회수를 부르짖으며 시위를 벌이다 체포되며 언론의 1면을 장식하기도 했다.[12] 이외에도 교회와 주 및 시 정부, 노동조합 등도 남아프리카공화국에 투자했던 자본을 회수했고, 대기업과 은행, 미국 정부에도 그것을 요구했다.[13] 1990년대 초에는 남아프리카공화국에서 사업을 운영하던 기업들에게 회수된 자본이 200억 달러 이상이었다. 그로 인한 경제적 충격은 무척 컸다. 일부에서는 남아프리카공화국 정부가 아파르트헤이트 종식을 위한 협상에 나서도록 압력을 가하는 역할을 했다고도 말한다.[14]

이런 사례들에 힘입어 이 운동을 바라보는 시야도 점차 확장되었다. 억압적 정권과 비윤리적 기업, 위험한 제품에 대한 투자를 중단하는 것 외에(물론 중요한 일이다), 그 반대 개념으로 무엇이 있을까? 좋은 것들에 대한 투자를 장려하는 것은 어떨까? 좋은 제품을 말하는 것이 아니다. 기업이 더 나은 무언가를 만드는 데 투자금이 부족한 경우는 거의 없다. 내가 말하고 싶은 것은 세상에서 가장 심각한 문제들을 해결하기 위한 투자이다. 물론 아이폰 출시를 앞두고 애플의 주식을 매수함으로써 얻는 것과 같은 수익을 기대할 수는 없다. 하지만 더 낫고, 더 공정하고, 더 안전한 세상을 만드는 데 당신의 돈을 투자하고 그리 나쁘지 않은 수익까지 올릴 수 있다면 어떨까?

여기서 주디스 로딘(Judith Rodin)이 등장한다. 2005년 펜실베이니아 대학교 총장을 지낸 주디스 로딘 교수가 록펠러 재단(Rockefeller Foundation) 회장에 임명되었다. 록펠러 재단을 세운 존 D. 록펠러의 시절을 떠올려보면 이 가문의 이름은 곧 돈이 어마어마하게 많은 부자의 별칭이기도 했다. 그러나 로딘이 지휘봉을 잡았을 때는 돈이 부족하다는 사실이 너무도 명확해 보였다. 그렇다고 오해하지 말기 바란다. 록펠러 재단은 Water.org를 비롯한 대다수 비영리단체가 여전히 이루고 싶은 꿈같은 존재이다. 그러나 로딘은 앞으로 이 재단에서 해결해야 할 문제들에 비해 자산의 규모가 보잘것없다고 판단했다.

그로부터 5년 전, 세계 대부분의 국가들이 유엔 밀레니엄 개발 목표(UN Millennium Development Goals, MDGs)에 서명했다. 빈곤을 종식한다거나 세계의 모든 아동들에게 초등교육을 무상으로 제공하겠다는 등 야심 찬 계획이 있었지만 거기에는 비싼 가격표가 따라붙었다. 일부에서는 2015년까지 이 목표를 달성하려면 매년 820억 달러에서 추가로 1,520억 달러의 개발 금융이 더 필요할 것으로 예측했다.[15] 긴급하고 거대한 기금의 격차가 너무 컸다. 이 목표를 충족하려면 각국의 해외원조 예산을 2배로 늘려야 했다. 이것이 선택지에 들어 있지 않다는 것은 재무장관이 아니라도 뻔히 알 수 있었다.

그리고 록펠러 재단이 아무리 많이 기부하더라도 그 격차를 줄이기는 어려웠다. 록펠러 재단은 매년 1억 달러의 기금을 집행했다.[16] 그리고 가장 규모가 큰 게이츠 재단은 연간 13억 5천 달러를 기부했다.[17] 이 모두의 종착지가 MDGs라 하더라도 그 정도로는 착수금조차 되지 않았다. 세계는 또 다른 해법이 필요했다.

주디스 로딘이 그 해법을 찾는 데 돌입했다. 2007년 여름, 로딘과 실무진은 이탈리아 북부의 코모 호수가 내려다보이는 아름다운 별장으로 투자자들과 자선가들, 기업가들을 초대했다.[18] 이 별장은 오래전 이탈리아의 공주가 록펠러 재단에 기부한 것이었다. 록펠러라는 이름을 달고 있으니 가능한 일이었다.[19] 록펠러 재단은 지난 수십 년간 창의적인 사상가들을 모집하여 그들의 연구 발전을 지원해왔다. 그해 여름 로딘이 모임을 개최한 목적은 분명했다. 사회적 선과 환경적 선 모두를 위해 더 많은 자본을 조성할 방법을 찾기 위해서였다.

록펠러 재단은 세상의 자본을 좌우하는 사람들 중의 일부라도 이런 유형의 투자에 우선순위를 두어야 한다고 생각했다. 하지만 이 시도가 정말로 성공하기 위해서는 적절한 명칭이 필요했다. 그렇게 만들어진 이름이 '임팩트 투자'이다. 또 이 움직임이 계속 성장하려면 일정 수준의 조직이 필요했다. 록펠러 재단은 임팩트 투자자들이 함께 일하고 아이디어를 교환할 수 있는 네트워크를 구축했다. 나아가 더 많은 금융가들이 이윤뿐 아니라 '임팩트(impact, 사회적 영향력)'에도 투자하려면 이윤을 측정하듯이 사회적 영향력도 엄밀하게 측정할 수 있는 방식을 개발해야 했다. 그래서 재단은 '글로벌 임팩트 투자 평가체계(Global Impact Investing Rating System, GIIRS)'의 개발을 지원했다. GIIRS는 각 펀드의 총 실적뿐 아니라 환경이나 현지인들의 삶에 미친 영향력을 평가하여 펀드의 등급을 매긴다.[20]

그날의 모임은 강력한 몇몇 세력들을 움직였다. 이후 10여 년 동안 임팩트 지향적 펀드들이 속속 등장했고, 이를 최우선순위로 꼽는 투자자들도 점점 늘어났다. 호숫가 별장 모임 이후 11년이 지난 시점에 발간된 한 보고서는 그간의 변화를 이렇게 기술했다. "한때 작고 급진적이었던 움직임이 이제는 '복합적이고 풍요로운 투자 생태계'로 자리 잡았다."[21]

두말할 것도 없이 개리와 나에게는 임팩트 투자뿐 아니라 투자라는 분야 자체도 생소했다. 그래서 우리가 알고 있던 금융 관련 사람들을 비롯해 잘 모르는 사람들까지 많은 이들과 대화를 나누었다. 워터크레딧의 초창기에 개리와 내가 가졌던 그 순진한 의문을 그들에게도 던졌다. "이게 왜 안 되는 거죠?"

내가 맨 먼저 대화한 사람은 아버지였다. 보통의 아버지들은 아이들이 귀가해서 "아빠, 아빠가 무슨 일을 하는지 얘기 좀 해주세요"라고 물어보는 순간을 꿈꾸는 것 같다. 내 아버지도 그랬을 것이다. 자라면서 아버지와 이런 얘기들을 했지만 솔직히 그 개념을 알아들은 것은 아니었다. 내 나이 40대에 이르러 이 일에 대해 아버지에게 다시 물었을 때는 무언가 새로운 세상에 들어선 느낌이었다. 개리와 나의 생각을 설명하면서 아버지가 고개를 가로저으며 왜 안 되는지를 (친절하게) 설명해주리라고 예상했다. 하지만 그렇지 않았다. 한동안 생각하던 아버지는 '될 거라고' 믿는다고 말했다. 임팩트 투자가 성공하려면 안정적인 수익과, 이 투자로 세상이 변하고 있음을 입증하는 확실한 수치가 필요하다. 우리가 제안한 투자는 이 2가지를 모두 확보해야 했다.

우리의 생각을 듣고 아버지가 흥분된 반응을 보인 것만도 분명 고무적인 일이었다. 하지만 아버지가 주의를 준 것처럼 우리가 풀어야 할 숙제도 잔뜩 있었다. 그때도 개리와 나는 여전히 기본적인 금융 용어들을 배우고 있었다. 그때 누군가 내게 '자본금(capital stack)'이 무엇이냐고 물었다면 아마 나는 머릿속으로 돈더미를 그리고 있었을 것이다. 환율 조작, 비영리단체에 적용하는 세법(국가마다 다른 경우가 많다), 인도처럼 자본의 유입과 유출이 어려운 나라 등 우리가 나아가야 할 길은 복잡했다. 개리와 나는 실제 전문가들이 움직이고 우리는 옆에서 응원하는 방식을 진지하게 고민했다.

그러나 워터크레딧의 경험처럼 사례를 통해 입증하고 싶었다. 최대한 신중하게 일을 진행해서 기반을 다지고 빌 클린턴이 조언한 대로 누구도 무시하지 못할 수준까지 "계속해서 수치를 끌어올리고" 싶었다.

다행히 우리는 물과 위생 시설과 소액금융에 해박한 고도로 숙련된 팀을 구성했다. 그중에는 사모펀드 투자자들과 일했으며 우리의 운영책임자(COO)를 역임했던 케이스 스탬(Keith Stamm)도 있었다. 케이스는 우리의 계획을 돕기 위해 돌아왔다. 다시 말해 돌연변이 사과맛 오렌지가 실제로 어떠해야 하는지를 명확히 보여주기 위해 돌아온 것이다. 우리는 1천만 달러의 펀드로 시작하여 목표 수익률을 2퍼센트로 설정했다. 이 정도 규모의 펀드라면 73만 명 이상의 사람들에게 깨끗한 물과 위생 시설을 제공할 수 있었다.

이사회에서 긴장할 법도 했다. 그만큼 급진적인 출발이었다. 앞서 언급했듯이 방금 금융위기를 초래한 악당들 때문에 세상이 불타버린 상황이었다. 아무리 고상한 의도에서 출발했더라도 잘못하면 큰 곤경에 처할 수 있었다. 펀드가 실패하면 Water.org의 신용도 추락하기 마련이고, 우리의 앞날을 정부 감독 당국과 증권거래소의 자비에 맡길 수밖에 없었다. 따라서 개리와 나는 다시 한 번 커다란 위험을 무릅쓰고 헌신해야 했다. 몇 년 전 이사회에서 '우리가 살아 있는 동안' 물 부족 위기를 종식할 수 있다고 했던 그 대담한 비전(아니면 객기라고 할까)을 향해서 말이다. 우리 둘은 이 대담한 주장을 실현하기 위해서는 기꺼이 위험을 받아들여야 한다고 서로를 격려했다.

결국 이사회도 동의했다. 그것도 아주 단호하게. 결정의 순간이 임박했을 때 누군가 우리의 이사회 의장인 린 탈리엔토에게 물었다. "우리가 이걸 한다고요?"

린이 즉각 대답했다. "그럼요!"

그런데 소액금융기관(MFIs)들이 충분한 자본을 확보하기 어려운 이유가 비단 시장경제 때문만은 아니었다. 여기에는 각국 정부의 책임도 없지 않았다. 인도에는 미국의 연방준비제도에 해당하는 중앙은행의 우선부문대출(Priority Sector Lending)이라는 현명한 정책이 있다. 이 규정에 따라 은행은 대출의 일정 비율을 교육과 농업, 소상공업 등 우선 부문에 할당해야 한다. 물과 위생이 우선 부문이 아니라는 것만 빼면 다 좋았다. 하지만 MFIs 입장에서는 이것이 큰 문제였다. MFIs에 대출하는 것은 비우선 부문이므로 더 높은 금리를 적용해야 했던 것이다. 빈민들을 위한 물과 위생 대출도 마찬가지였다.

유명 인사들은 정치에 관여해서는 안 되고 정책 결정에서 더더욱 멀리 떨어져야 한다고 생각하는 사람들이 많다. 나는 지구 반대편에 있는 국가들의 정책을 바꾸려고 애쓰는 사람은 아니다. (미국의 정책을 바꾸는 데 기여한 내 역할도 보잘것없는 수준이다.) 그러나 개리와 나는 '우선 대출' 정책을 바꿀 방법을 찾아야 한다고 생각했다. 이 정책은 물과 위생 대출을 우선순위로 설정하지 않을 뿐 아니라 오히려 불이익을 주었다. 얄궂게도 인도는 큰 프로젝트를 출범하기도 전에 가장 큰 목표 하나를 배제했다. 당시 인도 정부는 노상 배변 문제를 해결하기 위해 5년간 200억 달러 규모의 캠페인을 막 시작하려 하고 있었기 때문이다. 줄이는 게 아니라 아예 없애버린 것이다. Water.org의 인도 사업부를 이끌고 있는 유능한 동료 P. 우데이 상카르(P. Uday Shankar)와 폰 아난드(Pon Aananth)는 물과 위생을 우선순위 목록에 올리도록 중앙은행을 설득하는 데 앞장섰다. 나는 인도의 중앙은행 회의실에서 대출 정책을 바꾸도록 설득했다. 거기서 내가 무엇을 하고 있었는지 궁금하다면, 나는 혼자가 아니었기에 가능했다고 말하고 싶다.

특히 인도의 우리 팀과 다른 많은 사람들이 물과 위생 부문에 기울인 노력에 비하면 그날 내가 얼마나 기여했는지를 입에 올리기조차 부끄럽다. 그러나 중요한 것은 그 모든 노력이 성공으로 이어졌다는 사실이다. 하룻밤의 일은 아니지만 결국 인도 중앙은행은 물과 위생을 우선 순위에 포함했다. 특히 인도는 여러 방면에서 실험장 역할을 했고, 새로운 아이디어가 성공하면 전 세계의 다른 나라까지 확장할 수 있었다. 때가 무르익은 느낌이 들었다. 이제 우리의 펀드를 홍보하기 시작할 적기였다.

이때부터 개리와 나는 국제금융회의나 투자은행 등 영화배우나 물과 위생 전문 기술자가 나타나리라고 생각지 못한 여러 회의와 사무실에 모습을 드러냈다. 심지어 세계의 거물들이 엄청난 돈을 써가며 호화로운 스키 마을을 방문해 소득 불평등 문제에 대해 이야기하는 스위스 다보스의 세계경제포럼에도 등장했다. 앞에서 언급한 뉴욕에서 개최된 클린턴 글로벌 이니셔티브 회의와 비슷하다. 모피를 두른 2천 달러짜리 스키재킷을 입은 것만 다를 뿐. 짐작대로 많은 사람들이 이 회의를 두고 비아냥거리기도 했다. 다보스 포럼을 가장 적절하게 묘사한 말이 있다. "여기서는 억만장자들이 백만장자들 앞에서 중산층의 정서를 설명한다."22 누구도 이 말이 틀렸다고 말하지는 못할 것이다. 이 말을 한 당사자가 바로 억만장자 제이미 다이먼(Jamie Dimon, 미국의 억만장자 사업가이며 JP모건체이스 회장-옮긴이)이니까.

다보스는 매력적인 표적이다. 산소가 희박한 산속에서는 제정신을 차리기도 쉽지 않은 법이다. 세계에서 가장 영향력 있는 사람들이 이런 곳에 모여 세계에서 가장 시급한 사안들을 논의하고 이를 개선하기 위해 어떻게 힘을 모을지를 고민한다면, 나도 당연히 가서 해야 할 말이 있었다. 그래서 개리와 나는 홍보 연습을 하고 알프스로 향했다. 우리는 다보스의 호텔 로비나 기업 홍보관으로 전용된 상점 등에서 개최되는 짧고 집중적인 모임들을 둘러보았다(핫초콜릿을 사러 갔다가 2030년 지속 가능성 목표를 충족하기 위한 전략에 대해 이야기하기도 했다). 그리고 물 부족 위기에 대하여, 지금 진행되고 있는 해결책들에 대하여, 규모를 더 키우기 위해 새롭게 시도하고 있는 자금원에 대하여, 관심을 가지고 들을 준비가 된 모든 사람들과 대화를 나누었다. 그리고 또 말했다. 이 세상의 가난한 사람들은 자신들이 가진 보잘것없는 자원이라도 기꺼이 지출할 의지가 있는데, 그 많은 부를 가진 우리도 그래야 하지 않겠냐고?

멍한 표정을 보니 대답은 뻔했다. 우리는 아닌 듯했다. 사람들은 개리와 내게 무척 친절했다. 패널로 참여하게 해주고, 상도 주고, 우리가 연설할 때는 경청해주고, 연설이 끝나면 환호도 보내주었다. 그러나 개종을 시키지는 못한 듯했다. 많은 사람들이 고개를 끄덕이며 미소를 보이고 '여러 소식도 전해주었지만' 투자 약정은 없었다. 그래서 더 혼란스러웠다. 이 많은 리더들과 그들이 운영하는 단체들은 (우리를 포함하여) 의미 있는 일에 기꺼이 수백만 달러를 쾌척했다. 그런데 우리는 세상에 훨씬 더 큰 영향을 미치는 동시에 투자 수익도 올릴 수 있는 기회를 제시했지만, 그들은 전혀 관심이 없었다. 그때 우리는 사회규범과 시장규범을 나누려다 발을 헛디뎠다는 것을 지금에야 깨달았다. 사람들은 Water.org를 거의 NGO로 보았고, NGO에 '투자'할 사람은 아무도 없었다. NGO에는 그냥 돈을 '주는' 것이었다. 어떤 이들은 노골적으로 말했다. "나는 내 돈으로 자선 활동을 하고, 내 돈으로 돈을 벌지요." 또 어떤 이들은 재무 위험을 최소화하고 재무 이익을 극대화하는 기관의 대표들이었다. 어느 쪽으로든 우리는 어설픈 존재였다.

회의 마지막 날, 개리와 나는 방갈로에서 낙담한 채 앉아 있었다. 나는 불평등을 줄이고 더 나은 지구촌 시민이 되자는 의미로 사람들이 내뱉은 온갖 말들을 반복해서 되뇌었다. 그 모두가 말잔치란 것인가? 다보스를 향한 비평가의 논평 수준에서 끝이란 말인가?

우리를 위로하러 나타난 사람은 보노였다. 아니, '위로'란 단어는 적절하지 않았다. 나를 바라본 보노가 폭소부터 터트렸으니까. 다보스는 익숙한 환경이 아니었기 때문에 나는 가급적 정중한 차림을 했다. 민망하게도 그때 나는 조끼 스웨터에 넥타이를 매고 있었다. 보노는 이 모습이 너무 웃기다며 가슴팍에 카메라를 들이댔다.

그런 내 모습에 우리는 한참을 웃었다. 하지만 나는 솔직히 약간의 좌절감에 휩싸여 있었다. 개리와 마찬가지로 나 역시 우리 펀드의 아이디어에 고무된 나머지 다른 사람들도 환영할 것이라고 예상했다. 임팩트 투자 운동은 이제 충분히 예열되어 완벽한 타이밍에 접어들었다고 생각했다.

그러나 이제는 분명해졌다. 우리의 계획이 조금이라도 성과를 거둔

다면 앞으로의 일은 내가 예상한 것보다 훨씬 어렵게 전개될 터였다. 한마디로 악전고투의 시간이 기다리고 있었다. 나는 보노에게 물었다. "그동안 이 일을 어떻게 계속해왔어요?" 그는 지금까지 20년 동안 극심한 가난과 예방 가능한 질병에 맞서 싸우는 데 동참하라고 정부와 재단, 기업들에게 압력을 가해왔다. 그와 동료들은 몇몇 눈부신 성공을 거두었지만 버거운 싸움은 지금도 계속되고 있다. 그런데도 어떻게 보노의 열정은 아직까지 시들지 않았을까? 더러는 어려운 시기도 있었고 일 자체가 힘들 때도 있었지만, 절대 손을 떼지 말라고 그는 힘주어 말했다.

일주일 뒤 보노에게 한 통의 이메일을 받았다. 열어보니 내 조끼 스웨터 사진이 들어 있었다. 그리고 우리가 나눈 대화에서 느낀 것을 적은 시도 있었다. 안타깝게도 보노의 이메일은 몇 년 전에 삭제되어 버렸다. 원본이 영원히 사라진 것이다. 나는 시인이 아니기에 독자들에게 이 시를 재현할 재주는 없다. 비록 졸업은 못했지만 영문학을 전공한 사람으로서(솔직히 학점은 내내 1점대였다) 그 시의 내용을 전달할 정도는 된다. 그 시에 담긴 메시지는 이랬다. "지금 세상이 굴러가는 방식이 너무 부담스럽다고 해서 그 세상이 지금과 달라지도록 재촉하지 않고 방치해서는 안 된다. 당신이 계속 재촉하고, 우리가 계속 재촉하고, 그러면 결국 세상도 움직이기 시작할 것이다."

"우리는 이렇게 양치해요, 양치해요, 양치해요,
아침 일찍, 우리는 이렇게 양치해요."
– 인도 남동부 지역 학교에서 아이들이 부르는 노래

7장

세상이
움직이다

나중에 밝혀졌듯이 보노가 옳았다. 세상이 움직였다. 우리의 예상보다 빨리 움직였다. 맷과 나는 이삼 년에 한 번씩 다보스를 찾았는데, 그때마다 사람들은 우리의 말에 조금씩 귀 기울이는 듯했다. 첫 다보스 방문 때는 그저 고개를 끄덕이는 정도였지만, 두 번째 방문 때는 관심도 뜨겁고 질문도 계속 이어졌다. 그리고 세 번째는 아예 따라다니며 물어볼 정도였다.

맷과 내가 이 일에 더 능숙해졌거나 아니면 비즈니스 세계에서는 우리를 볼 일이 전혀 없었기에 기꺼이 귀 기울여주었거나, 둘 중 하나였을 것이다. 사실은 둘 다 맞는 듯했다. 우리의 모델이 효과적이라는 근거가 충분했고 규모를 계속 확장할 수 있는 팀도 보유하고 있었다. 또한 비원어민이 그 문화권에 동화되려고 노력하듯이 맷과 나도 그들의 언어를 열심히 배우고 있었다. 금융 관련 이야기를 할 때도 꽤 유창해졌다는 느낌이 들었다.

동시에 우리는 민간 부문의 역할과 책임에 대한 논의가 더욱 폭넓게 전개되고 있다는 점에도 주목했다. 자본주의 세계의 일부 거인들은 2008~2009년 금융위기 이후로 여전히 비틀거리고 있었다. 더구나 경제적 관점이 아닌 최고경영자들의 표현대로 '사회적 경영 인증,' 즉 사회적 지위의 측면에서 수많은 걸림돌이 놓일 것을 우려하고 있었다.

2016년에는 2가지 어려운 숙제가 자본가들을 (사실상 모든 사람들이) 밤 늦도록 잠 못 이루게 했다. 첫째는 기후 변화로, 과학자들의 경고가 점점 더 극단적으로 흐르고 있었다. 두 번째는 불평등의 심화로, 세계 경제체제가 운 좋은 극소수에게만 유익할 뿐 피라미드의 바닥에 있는 사람들은 가장 기본적인 욕구를 해결하는 데도 사활을 걸어야 하는 냉엄한 현실이었다. 물론 이 2가지가 새로운 문제는 아니다. 하지만 문제를 알고 있는 것과 무언가 행동하는 것은 별개이며, 사고방식을 전환하여 그 문제를 해결하기 위해 사업적으로 접근하는 것 또한 완전히 다르다. 그러려면 시간이 필요하다.

불평등과 기후 변화는 오랫동안 모든 사람들과 관련된 두 마리 큰 코끼리였다. 이 문제들을 무시하려고 애썼고, 일부 기업들은 정말 열심히 노력했다. 그러나 2010년 중반에 이르러서는 더 이상 외면할 수 없을뿐더러 자기파멸적 행동이라는 것이 더욱 분명해졌다. 여러 과학 모델을 통해 기업들이 기존의 행동양식을 급격하게 바꾸지 않는다면 앞으로 반세기 동안 환경 및 경제적으로 엄청난 파멸이 잇따를 것이라고 예측했다. 많은 지역에서 사회 혼란이 극심해지고 기업들도 상품을 판매할 안정적인 시장을 유지하기 어려울 것이다. (지난 일들을 회상하고 있기에 과거형으로 표현했을 뿐 과학자들은 지금도 똑같은 말을 할 뿐 아니라 강도가 점점 더 세지고 있다.) 실제로 혼란은 이미 시작되었다. 세계 자본주의의 근간에 의문을 제기하는 (그래서 뒤흔들 준비를 끝낸) 포퓰리즘 정치가 전 세계에서 위력을 발휘하고 있다.

당장은 정치보다 경제 권력으로 분류할 수 있는 젊은 세대들도 그랬다. 2016년을 기준으로 밀레니얼 세대는 미국에서 가장 큰 규모의 노동력을 형성했다.[1] 젊은 세대들은 기후 변화와 불평등을 비롯하여 다양한 문제들에 특별한 관심을 갖고 있다. 이런 가치관은 그들이 어디에서 일하고 무엇을 사고 여유 자금을 어디에 투자할지를 결정하는 데도 영향을 끼친다. 그들은 가치관과 부합하는 기업에 이끌린다. 이런 밀레니얼 세대가 성인이 된다는 것 자체가 기업 경영자들에게는 사회 및 환경 문제에 관심을 가져야 하는 큰 유인(또는 압박)으로 작용한다.

따라서 맷이 구분한 두 세상, 즉 영리와 비영리의 세상 또는 시장규범과 사회규범의 세상 사이의 경계가 어찌 보면 긍정적인 방향으로 모호해지기 시작했다. 좋은 소식은 또 있다. 지난 1970년대에 등장한 자본주의 이론이 있다. 나는 들어본 적 없지만 지금은 마치 성서처럼 부각되는 그 이론은 주주들을 위한 가치 창조가 기업의 유일한 책임이라는 것이었다. 여기서는 분명히 주된 책임이 아니라 유일한 책임이라고 했다. 반면 기업 경영자들이 이런 말을 하는 횟수는 점점 늘어났다. "모든 기업이 장기적으로 번영하기 위해서는 재무 실적을 끌어올리는 것 뿐 아니라 사회에도 어떻게 긍정적으로 기여하는지 보여주어야 합니다."이 말을 한 장본인은 세계 최대의 자산운용사 블랙록(BlackRock)의 최고경영자 래리 핑크(Larry Fink)이다. 그는 현재 금융 부문에서 가장 영향력 있는 인물 중 하나이다.

여기서 흥분하지 않기를 바란다. 모든 다국적 기업의 최고경영자들이 이처럼 집단적으로 위대한 각성을 한 것은 아니다. 우리 모두 맑은 하늘 아래서 행복하게 살아왔다고 주장하는 것도 아니다. 비타민 회사나 선글라스 회사나 신발 회사가 세상을 어떻게 바꾸고 있는지 들을 때마다 나는 여전히 의심의 눈초리를 거둘 수 없다.

그러나 분명한 것이 있다. 비즈니스 세계의 흐름이 바뀌면서 이제는 투자의 영향력이 투자자의 포트폴리오뿐 아니라 세상 전반에 미치고 있다는 것이다. 물론 이런 생각도 급진적인 것 같지는 않다.

우리는 자본을 유치하는 과정에서 이 모습을 직접 목격했다. 1천만 달러의 첫 펀드 투자자들을 모집하는 과정은 참으로 느리고 힘겨웠다. 몇 년의 시간이 걸렸고, 결국 투자한 것은 대부분 스콜과 힐튼 같은 재단과 이사회 구성원들 그리고 마이클과 소치 버치 부부(Michael and Xochi Birch) 같은 개인들이었다. 이미 자신들의 돈을 '지출'하면서 사회적 사명을 다하고 있는 단체들이 동일한 사명으로 '투자'한다고 해서 획기적인 도약이라고 할 것까지는 없었다.

그러나 우리의 첫 펀드를 마감할 무렵에는 점점 더 많은 곳에서 점점 더 공개적으로 우리와 비슷한 아이디어에 투자하는 현상이 나타났다. 데이터를 보면 확연히 드러났다. 2012년 임팩트 투자에 위탁된 자금은 250억 달러였다.[2] 그로부터 6년 동안 그 금액은 5천억 달러로 급증했다.[3] 같은 기간 전 세계에 투자된 총자산은 20퍼센트 증가한 데 비해 임팩트 투자 펀드에 투자된 총자산은 2천 퍼센트 증가했다.[4] 사과맛 오렌지 하이브리드가 비로소 전성기를 맞이하고 있었다.

불평등과 기후 변화에 초점을 맞춘 뒤로 또 하나의 성과가 나타났다. 사람들이 물에 더 많은 관심을 갖게 된 것이다. 깨끗한 물이 부족한 현실은 극단적인 불평등 사례이며, 물 문제 또한 기후 위기의 핵심이다. 게다가 기후와 관련되면 일이 더 복잡해진다.

언론 헤드라인만 보아도 어떤 상황인지 짐작할 수 있다. "인류의 1/4, 다가오는 물 부족 위기에 직면하다."[5] "금세기의 주요 환경 난제인 물 부족, 나사에서 경고하다."[6] 여기에서 주목할 점은 그 내용이 현재가 아니라 미래를 가리키고 있다는 사실이다. 바로 여기서 혼란이 빚어진다. 오랫동안 나는 언론인들을 비롯해 영향력 있는 사람들이 물 부족 위기에 대해 언급하기를 바랐고, 마침내 그런 상황이 펼쳐졌다. 그런데 그들이 말하는 물 부족 위기는 오늘 당장 수억 명이 겪고 있는 현재 시점이 아니라 미래에 물 공급 부족이 발생할 것이라는 점에서 차이가 있었다.

물론 세계가 이 문제에 집중하는 것이 중요하다. 지금까지 세상 모든 사람들이 물을 이용할 수 있도록 평생을 싸워온 나는 미래에도 전 세계 수억 명의 사람들이 물 부족에 시달릴 것이라는 전망에 가슴이 서늘하다. 지금부터라도 반드시 계획을 세워야 한다.

잠재적 물 부족 문제에 대해 아는 것이 많아질수록 걱정거리도 늘어났다. 특히 물을 이용하기가 쉬워질수록 오히려 물 공급이 줄어들어 물 부족 위기가 더 심화되지 않을까 걱정하는 사람들도 있었다. 겉보기에는 그럴듯하지만 사실은 그렇지 않다. 물 부족 위기에 대해 꼭 알아야 할 것이 있다.

첫째, 이것이 지구 전체가 아닌 지역적 문제라는 사실이다. 이를테면 석유 부족과는 다른 차원이다. 세계 석유 시장은 있지만 (생수 시장을 제외하고) 세계 물 시장은 없다. 게다가 물 시장을 제대로 운용하기도 어렵다. 전 세계에서 매일 어마어마한 양의 석유가 배에 실리지만, 그 어떤 재주를 부리더라도 한 나라가 하루에 사용할 물을 실어 나를 거대한 선단을 구성하기는 불가능하다. 이처럼 물은 지금도 앞으로도 지역 상품이다. 그러므로 인도네시아 주민들의 물에 대한 접근성을 높인다 하더라도 캘리포니아의 물 공급에 영향을 미치지는 않는다.

둘째, 가정에서 소비하는 물의 양이 전체 공급량에서 차지하는 비율이 극히 미미하다는 사실이다. 인류가 사용하는 물의 대부분은 가정으로 공급되는 게 아니다. 전 세계를 통틀어 인류가 사용하는 담수의 70퍼센트는 농업, 19퍼센트는 각종 산업에 공급된다.[7] 가정에서 사용하는 비율은 11퍼센트에 불과하다.[8] 가난한 집은 부유한 집에 비해 물을 적게 소비하고, 가난한 집은 잔디밭을 관리하느라 물을 사용하지 않는다.[9] 따라서 가난한 사람들의 현재 물 부족 위기를 해결한다고 해서 미래에 물 공급 위기가 악화되지는 않는다.

오히려 그 반대이다. 오늘의 위기를 해결하기 위한 단계별 조치들이 미래를 대비하는 데 도움을 줄 것이다. 예를 들어 한 가정에 저수시설이 있으면 비가 내리지 않을 때를 대비해 물을 저장할 수 있으므로 미래의 불확실성에 효과적으로 대처할 수 있다. 더 많은 사람들이 수도시설을 이용할 수 있다는 것은, 최악의 상황에도 신뢰할 수 있는 기반시설에 연결되어 있다는 의미다. 혼자서는 영원히 불가능한 일이다. 그리고 공기업들이 시설 개선에 투자하면 극빈층을 포함해 전체 지역사회에 이익이 된다.

극빈 가구일수록 복원성(resiliency)에 대한 투자가 더 필요하다. 물 부족 사태가 발생하면 (이미 그러고 있듯이) 일부 지역은 극빈층이 가장 심각한 타격을 입는다. 유일한 식수원이 몇 시간 거리에 떨어져 있는데 그마저도 말라버렸다고 가정해보자. 또는 가족이 먹을 농작물을 키우려면 강우량이 절대적인데 비마저 오지 않는다면 어떨까? 오늘날 사하라 사막 이남의 아프리카 지역은 농촌 인구의 90퍼센트 이상이 농작물을 통해 소득을 창출하는데, 95퍼센트 이상의 농장들이 관개시설이 아닌 강우에 의존하고 있다.[10]

우리 팀원 중 몇몇이 에티오피아 북부 티그레이 지역을 방문한 적이 있다. 멀리서 보면 언덕 경사면을 따라 노란 점들이 띄엄띄엄 이어져 있는데, 알고 보면 물을 찾아 통을 들고 이동하는 여성들이다. 그들 대부분이 매일 물을 길으러 두세 시간을 걸어간다. 그중 몇몇은 우리 동료들에게 말하기를, 농작지를 개간하느라 나무를 베기 이전과 기후 변화로 강우량이 줄어들기 이전에는 대지가 지금보다 훨씬 푸르렀다는 것이었다.

동료들은 그들의 할머니와 증조할머니들도 같은 곳으로 물을 길으러 다녔냐고 물었다. 그러자 티그레이의 여성들은 선조들은 물을 구하러 다닐 필요가 없었다고 말했다. 마을에 식수원이 풍부했기 때문이다. 그런데 지금은 그 우물들이 다 말라버려 어쩔 수 없이 먼 곳까지 가야 했다. 또는 한때 연못이 있었거나 강이 흘렀던 마른 땅을 파서 물을 찾기도 했다. 최근에는 참혹한 갈등까지 빚어지면서 힘겨운 상황은 더욱 나빠졌다.

미래에 물 부족 위기가 닥치면 티그레이 같은 지역이 가장 큰 타격을 입을 것이다. 물론 부유한 나라에 사는 우리도 기후 변화에 면역이 있다고 할 수는 없지만(누구도 불가능하다), 적어도 우리에게는 공급 문제를 해결할 자원이 있다. 예컨대 소금물을 음용수로 바꾸는 탈염 시설이나 사용한 물을 재활용하는 폐수 처리 시설을 건설할 수도 있다. 그러나 저개발 국가의 극빈층은 물 공급이 힘들 때 3가지 상황에 맞닥뜨리게 된다. 첫째는 점점 줄어드는 물로 살아가는 방법을 찾는 것인데, 그러다가는 질병에 걸리거나 사망에 이를 수 있다. 둘째는 물 공급이 줄어드는 문제로 이웃과 다툴 수도 있다. 우리는 수단의 다르푸르 같은 지역에서 이런 상황을 목격했다. 셋째는 가족에게 필요한 물이 충분히 있는 집이나 피난처를 찾아 떠나는 난민이 되는 것이다.

대규모의 이주는 가정과 사회 모두를 불안정하게 만든다. 지난 10년 동안 가장 심각했던 인도주의적 비극은 시리아 내전이었다. 이 전쟁의 근본적인 원인 중 하나도 가뭄이었다.[11] 4년 넘게 지속된 가뭄에 시리아 농지가 황폐화되고 가축의 80퍼센트가 죽었다.[12] 농부들은 일자리를 구하기도 어려운 도시로 대거 도망치다시피 이주했다. 어느 전문가의 표현대로, 대규모 이주 때문에 "분노에 찬 남성 실업자들이 혁명을 촉발하는 데 기여했다."[13] 물론 이런 결과가 시리아에만 국한되는 것은 아니다. 난민들이 유럽으로 밀려들면서 유럽 대륙 전역에서 민족주의 운동과 정치 혼란을 부추겼다. 물과 일자리와 집이 필요한 수억 명의 빈민들이 전 세계로 강제 이주하는 모습을 상상해보자. 그리고 이 모두가 부족한 상황에서 빈민들이 느낄 절박함도. 유엔은 2030년까지 물 부족으로 인한 난민이 최대 7억 명에 이를 것이라고 추정한다. 이 정도면 지금까지 세계 어디에서도 본 적 없는 지구촌 난민 위기가 아닐 수 없다.[14]

그러나 방법이 없지는 않다. 더 많은 지역에서 급수 시설을 갖춘다면 미국에서 우리가 실제로 그러듯이 물 부족 위기가 닥쳤을 때도 이 설비를 적극 활용할 수 있다. 그만큼 현재 물 접근성을 높이는 데 투자하는 것은 미래의 복원성을 구축하는 데 필요하다.

그동안 전 세계 모든 사람들의 물 접근성을 확대해야 한다는 데 더이상의 이유가 필요 없다고 생각했다. 하지만 또 하나의 이유가 생겼다. 세계에서 가장 큰 타격을 입은 지역의 주민들이 기후 변화에 적응하는데 도움이 되기 때문이다.

그리고 이 메시지가, 이제 퍼져나가고 있는 듯하다. 2000년 세계 각국이 밀레니엄 개발 목표(MDGs)에 합의할 때만 해도 물과 위생은 우선적인 목표가 아니었다. 그러나 2015년 유엔에서 의제로 설정한 향후 15년간 지속 가능한 개발 목표(Sustainable Development Goals, SDGs) 중 하나(SDG 6)가 모든 사람들의 물과 위생 시설 접근성을 보장한다는 내용이었다. 같은 해 세계경제포럼(WEF)은 향후 10년간 가장 큰 위협으로 물 부족 위기를 꼽았다(현재의 접근성 부족뿐 아니라 물 부족까지 포함하는 복수의 의미로 '위기'를 말한다).[15]

또 최근에는 마이크로소프트와 다우(Dow), 앤하이저부시 인베브(AB InBev) 등의 다국적 기업들이 물복원연합(Water Resilience Coalition)을 결성함으로써 물 부족 위기를 해결하고자 하는 기업의 사례가 등장했다. 이들은 세계경제포럼의 예측이 옳고, 기후 변화에서 비롯된 물 관련 손실로 일부 지역의 GDP가 금세기 중반까지 최대 6퍼센트까지 위축되면 세계 경제뿐 아니라 자신들의 이익에도 큰 위협이 될 것으로 추정했다.[16] 물복원연합은 자체 활동으로 물 공급을 개선하고, 공급 부족에 대한 전 세계의 내성을 강화하는 데 협력하기로 약속했다.[17]

2010년대 후반에 세계의 자본을 주무르던 사람들이 물 문제에 관심을 보이기 시작했다. 그리고 삶을 변화시킬 수 있는 투자에 그 어느 때보다 열려 있다. 맷과 나는 이것이 우리에게는 기회라는 것을 깨달았다.

보통은 비영리단체에 기분 좋게 돈을 기부하지만 자신의 돈을 관리해달라고 요구하는 경우는 매우 드물다. 더욱이 이런 일은 우리의 전문영역이 아니기에 맷과 나는 전문가들을 초빙한 것이다. 자본을 제대로 조성하려면, 우리가 물과 위생 투자에 관해 누구보다 잘 알고 있고, 1달러도 헛되지 않게 최대한 활용하며, 투자자들에게도 의미 있는 이익을 안겨줄 수 있다는 것을 입증해야 한다. 다시 말하면 사람들이 비영리단체를 믿지 못하는 조건들을 모두 믿도록 만들어야 했다.

우리에게는 임팩트 투자를 이끄는 위대한 팀이 있다. 존 모이어(John Moyer), 앨릭스 레베크(Alix Lebec), 하나 코비치(Hannah Kovich), 지나 자놀리(Gina Zanolli) 등이 그 주인공들이다. 하지만 아무리 유능한 그들도 불가능한 일을 할 수는 없다. 우리는 고심했다. 훨씬 더 좋은 방법이 있을지도 모르는데, 왜 우리는 네모난 비영리단체 블록을 동그란 구멍에 집어넣으려고만 했을까? Water.org와는 생김새와 이미지, 전문 영역까지 완전히 다른 단체를 만들면 어떨까? 몇 가지를 염두에 두고 자산운용사, 이를테면 사람들이 퇴직금을 믿고 투자할 수 있는 우리만의 피델리티나 버크셔 해서웨이를 만들기로 결정했다. 여기서는 IT나 의료 부문의 기업들에 투자하지 않을 것이다. 오로지 깨끗한 물과 위생에 대한 접근성을 높이는 부문에만 투자를 집중할 계획이었다. 그리하여 2017년 우리는 지구촌 물 부족 위기를 해결하는 데만 전념하는 최초의 투자운용사 워터에쿼티(Water-Equity)를 출범했다. 그리고 사람들이 영화배우나 기술자들에게 투자 자문을 구하는 경우는 흔치 않기에 자산운용 분야의 오랜 전문가인 폴 오코넬(Paul O'Connell)이 지휘하는 금융 전문 팀을 구성했다.

물론 투자 집단을 비영리단체처럼 운영할 수는 없다. 심지어 그런 종류의 투자 집단도 아니다. 임팩트 투자자들의 약 2/3는 '더블보텀라인 (double bottom line, 재무적 가치와 사회적 가치를 동시에 추구한다는 의미-옮긴이) 투자자'라고 불린다. 세상을 위해 좋은 일을 하는 투자처를 찾으면서도 일반 시장에 투자했을 때와 동일한 수익을 올리기를 원하는 투자자를 말한다.[18] 우리는 그 투자자들이 WASH(물, 위생 시설, 위생학의 약자-옮긴이)에 투자하기를 바랐지만 그렇다고, "이 투자는 이익은 적지만 좋은 목적으로 사용됩니다"라고 말할 수는 없었다. 우리는 더 높은 수익을 올릴 방법을 찾아야 했다.

가장 쉽고 확실한 방법은 우리가 완전히 손을 떼는 것인데, 사실상 수용하기 어려운 일이었다. 우리는 대출 금리를 올리고 싶지 않았다. 그렇게 되면 이익은 많아지겠지만 대출자들을 더 깊은 빈곤으로 빠트릴 수 있다. 그래서 다른 방법을 찾아야 했다.

우리와 MFIs 파트너들은 새로운 일을 하고 있었으므로, 대출 관리

비용을 줄이는 동시에 투자 수익을 높이는 방향으로 운영 효율을 높일 수 있다고 확신했다. 또한 혼합금융(blended finance)이라고 불리는 개념도 알게 되었다. 세상에서 가장 맛없는 스무디 같은 용어이지만 실제로는 대단히 흥미로운 개념이다. 왜냐하면 투자자들이 빈민을 등에 업고 이익을 내지 않더라도 다른 방법으로 이익을 창출할 수 있기 때문이다.

혼합금융에서는 하나의 펀드에 다양한 투자자들을 모을 수 있다. 위험에 대한 내성이 약한 투자자부터 강한 투자자까지, 전혀 이익을 기대하지 않는 투자자부터 시장 수준에 근접하는 수익률을 기대하는 투자자까지. 이것이 어떻게 가능한지 여기서 자세한 설명은 하지 않겠다. 중요한 것은 실제로 가능하다는 점이다. 매우, 매우 잘 운영된다. 특히 빈민들의 필수적인 욕구를 충족하기 위해 새로운 형태의 임팩트 펀드를 출범할 때 더욱 효과적이다.

앞에서 첫 1천만 달러 펀드를 조성하기가 얼마나 어려웠는지 언급했다. 워터에쿼티의 두 번째 펀드에는 아메리카은행(BoA)이 500만 달러를 투자하기로 첫 합의를 했다. 그들은 투자금에 대한 이자 회수를 기꺼이 보류하겠다고 했다. 이 너그러운 결정으로 펀드 투자자들이 더 많은 이익을 올릴 수 있게 되었다. 첫 펀드의 목표 수익률은 2퍼센트였지만, 아메리카은행의 후원 덕분에 3.5퍼센트까지 올렸다. 이것은 완전히 새로운 투자자 풀(pool)이 열렸다는 의미였다. 실제로 두 번째 펀드에는 첫 번째보다 5배나 많은 투자자들이 참여했다. 이것이 혼합금융의 위력이다.

이렇게 대규모 펀드를 보유한 워터에퀴티는 인도를 넘어 인도네시아와 캄보디아, 필리핀까지 영역을 확장할 수 있었다. 우리는 향후 7년간 이 자금을 투입하여 약 460만 명에게 안전한 물과 위생 시설을 보급할 수 있을 것으로 추정했다.

이런 형태의 펀드들이 흥미롭기는 해도 이 위기를 완전히 해소하기에는 역부족이라는 것을 잘 안다. Water.org와 워터에퀴티가 아무리 많은 자본을 확보하더라도 말이다. 그래서 우리의 장기적 목표는 시스템 변경에 박차를 가하는 것이다. 안전한 물을 원하는 사람과 자본을 가진 사람들을 연결하는 상시 자본시장을 구축해야 양쪽 모두에게 유익하다. 당연히 시장은 양쪽 모두를 위한 가치를 창출할 때 가장 효율적으로 작동한다. 우리는 세계 곳곳에서 사람들에게 물과 위생을 제공하기 위해 움직이는 시장을 바라보고 있으며, 이것이 어디서나 가능하도록 난제들을 해결하는 데도 많은 시간과 노력을 기울여왔다.

이것은 우리 스스로를 사회적 기업가라고 생각하는 이유이기도 하다. 일반적인 기업인들은 틈새시장을 찾고 지적재산(IP)을 형성하고 가치를 창출하고 궁극적으로는 기업을 공개한다. 사회적 기업가인 우리도 그들과 같은 부류이다. 그러나 기업공개의 의미는 다르다. 우리에게 기업공개란 지적재산을 세상과 공유하고, 비밀스러운 정보도 공개하고, 투자자들이 그 정보를 통해 배우도록 뒷받침하고, 그리하여 그들 모두를 우리가 꿈꾸는 지속적이고 영속적인 변화의 일원으로 만든다는 의미다.

워터에퀴티가 순조롭게 출범하는 사이에 Water.org에서 희소식이 들렸다. 언뜻 생각하면 별 관련 없어 보이는 맥주 회사였다. 스텔라 아르투아(Stella Artois)에서 물 부족 위기를 해결하는 데 관심이 많다는 것을 알고 우리가 설득해서 파트너십을 체결한 것이다. 스텔라 아르투아는 맥주 판매로 거둬들이는 이윤의 일부를 Water.org에 기부하기로 했다. 또 그들의 유능한 마케팅 전문가들도 당연히 이 문제에 관심을 가졌다. 이 회사는 멋지고 기민하고 효과적인 광고로 유명했다. 그 훌륭한 팀이 깨끗한 물의 필요성과 이를 위해 소비자들이 무엇을 할 수 있는지를 주제로 광고 캠페인을 제작했을 때 맷과 나는 몹시 흥분했다. '숙녀분께 한잔 사주세요(BUY a Lady a Drink)' 광고는 이렇게 제작한 여러 편 중에 하나이다. 제목이 마치 1950년대 말투 같다. 이 대사는 사람들의 관심을 끌기 위한 것이었고, 실제로 그렇게 되었다. 사람들이 광고를 보는 동안, 물을 구하기 위해 매일 몇 시간씩 소비해야 하는 여성이 수백만 명이며, 스텔라 아르투아 맥주를 구입하면 그들에게 물을 연결하는 비용을 지원할 수 있다는 사실을 알게 된다. '앞으로 쏟아 넣기(Pour It Forward)' 광고도 또 하나의 역작이다. 스텔라 아르투아는 유명한 전용 잔인 챌리스(chalices)를 Water.org가 활동하는 나라의 예술가들이 디자인한 한정판으로 만들었고, 이 잔을 판매할 때마다 물 부족 위기에 맞서 싸울 기금이 누적된다. 이 광고가 큰 성공을 거둔 덕분에 스텔라 아르투아는 매년 새로운 챌리스 세트를 출시했다.

스텔라 아르투아로서는 이것이 단순한 자선이 아니었다. 하나를 팔 때마다 일부를 기부하는 것은 재무적으로도 의미가 있었다. 스텔라 아르투아와 모기업인 앤하이저부시 인베브(AB InBev) 관계자들은, 소비자들이 맥주를 살 때 약간의 상쾌함이나 약간의 안락함을 기대하며 그런 느낌을 다른 사람들에게도 기꺼이 전해주기를 바란다는 사실을 인지했다. 따라서 스텔라 아르투아 맥주를 구입함으로써 무언가 좋은 일도 할 수 있다면, 당연히 더 많이 구입하고 싶을 것이다. 데이터로도 입증되었다. 최근 조사에 따르면 소비자들의 2/3는 사회적으로 긍정적인 영향을 끼치는 제품과 서비스에 기꺼이 추가 금액을 지불할 의사가 있다고 한다.[19]

NGO와 맥주 회사가 상생 전략을 모색하는 경우는 흔치 않은데, 이번 사례가 그중 하나였다. Water.org는 이 파트너십을 통해 상당한 자금을 지원받았을 뿐 아니라 우리의 메시지를 세상에 알릴 수 있었다. 어느 해 스텔라 아르투아는 슈퍼볼 광고에서 #PourItForward 캠페인을 전개했다. 물론 소비자들이 맥주를 더 많이 사게 하려는 것이었지만, 이 광고 덕분에 맷은 물 부족 위기를 주제로 수억 명의 사람들에게 말할 기회를 얻었다. 맷은 이 정도 규모의 관객이 익숙할지 몰라도 우리 단체의 힘만으로 이런 일을 해내기는 사실상 어렵다.

덕분에 점점 더 많은 사람들이 우리 단체와 우리가 하는 일을 알게 되었다. 더 중요한 것은 그들이 물 부족 위기와 관련하여 무언가 진행되고 있고, 자신들도 무언가를 할 수 있다는 사실을 알게 되었다는 점이다. 고맙게도 많은 이들이 해결책의 일부가 되기를 바랐다. 그들의 기부는 성장을 가속화해서 더 많은 나라의 더 많은 사람들을 지원할 수 있게 되었다. 타깃 재단(Target Foundation)을 비롯해 인디텍스(Inditex), 에코랩(Ecolab), 레킷 같은 기업들이 우리와 제휴함으로써 더욱 든든한 뒷배가 되어주었다.

민간 부문도 참여하고 투자자들도 가입하고 있었으며, Water.org와 워터에쿼티도 협력하기 시작했다. Water.org는 자금이 가장 시급한 곳이 어디인지 우리에게 알려주고 투자 경로를 구축하는 데 도움을 주었다. 그리고 워터에쿼티는 자금을 조성하고 그 자금이 어디로 흘러가야 하는지를 결정할 권한을 우리에게 부여했다.

워터크레딧을 처음 시작할 무렵 인도에서 이 문제를 논의하기 위한 행사를 개최하고 물 관련 NGO 리더들을 초대했다. 그런데 참석 인원이 정말 변변치 않았다. 게다가 유일한 회의 장소가 교실이었는데 어른이 사용하기에는 의자와 책상이 너무 작았다. 참석자들은 의자에 거의 끼다시피 앉아서 우리의 이야기에 귀 기울였다. 그로부터 10년 후인 2010년대 중반에는, 우리가 개최한 모임의 참석자가 100명 이상으로 늘었다. 우리와 일하고 싶어 하는 모든 사람들을 대접하려면 호텔의 큰 연회장을 빌려야 했다. 이것은 우리의 영향력이 커지고 있음을 보여주는 명백한 근거 중의 하나였다.

물 부족 위기와 관련하여, 다른 모든 것들에 영향을 미치는, 가장 근본적인 문제는 돈이었다. 이 문제를 해결하려면 상상할 수도 없고 도달하기도 어려운 수준의 돈이 필요했다. 그러나 새로운 시스템이 갖춰지고 지속적인 성장을 가로막는 제약이 사라지면서, 자금 문제도 넘어설 수 있을 듯 보인다.

이 시기에 우리가 풀어야 할 숙제가 있었다. 이 펀드들의 진정한 투자수익률을 어떻게 설명할 것인가 하는 문제였다. 금전적인 수익이야 뻔했다. 차트에 나타나는 수치 그대로이니까. 우리는 여기서 그치지 않고, 펀드 덕분에 물과 위생 시설을 얻은 사람들의 숫자를 가지고 우리의 사회적 영향력을 산정하고 싶었다. 하지만 이런 수치조차 물 공급이 사람들의 삶에 미치는 영향을 온전히 전달할 수 없었다. 그래서 우리는 데이터를 스토리로 보완하기로 했다. 2014년 여름에 동료가 인도를 여행하다 만난 보담마(Boddamma) 같은 여성들의 사례를 투자자들에게 소개하기로 한 것이다.

당시에 39세였던 보담마는 남편과 세 자녀(두 딸과 아들 하나)와 함께 인도 남부의 빈민가에서 살고 있었다. 보담마는 일용직 노동자였고 남편은 목수였다. 가파른 언덕 위에 살았던 그들 가족에게 물은 늘 문젯거리였다. 보담마와 딸 한 명은 매일 무거운 물단지를 이고 1시간을 걸어가서 물을 담아 다시 언덕 위까지 날라야 했다. 하지만 언덕을 오르기가 너무 힘들어서 가족들은 언덕 아래에서 가능한 샤워와 빨래까지 끝내고 남은 물을 집에 들고 올라갔다. 보담마와 두 딸은 이 일을 하느라 돌아가면서 직장과 학교에 가지 못했다. 보담마는 매주 이틀치 임금을 포기하고 딸들도 이틀씩 학교에 가지 못한다는 뜻이었다. 두 딸의 학교 성적이 마치 그 가족의 경제적 운명처럼 나빠지는 것은 당연한 결과였다.

2014년, 보담마는 이 문제를 해결하기로 결심했다. 167달러의 수도 대출을 받았고, 그 지역의 수도사업소는 그녀의 집 문밖에 수도꼭지를 설치했다. 그리고 매달 약 15달러씩을 상환했는데 이 정도는 전혀 부담되지 않는 금액이었다. 매달 추가로 8일을 더 일해서 매달 갚아야 하는 대출금의 2배를 벌었기 때문이다. 이렇게 대출금을 전액 상환하고 나니 남은 것은 약간의 공과금뿐이었다.

보담마의 두 딸도 매일 학교에 다니며 공부를 더 많이 할 수 있었다. "다른 사람들은 나와 같은 고통을 겪지 않으면 좋겠어요." 두 딸 중 한 명의 말이다. 지금 보담마 가족은 이웃을 돕기 위해 다른 세 가정에 (모두 11명에게) 무료로 물을 나눠주었다.

167달러의 대출 한 번이 미치는 파급효과를 생각해보자. 한 여성은 이제, 가족을 부양하는 데 필요한 돈을 벌 수 있게 되었다. 두 소녀는 이제, 주어진 시간을 배움에 매진하며 앞으로 하고 싶은 일을 하기 위해 집중할 수 있게 되었다. 그리고 11명의 다른 이웃들도 이제, 근처에 생긴 식수원 덕분에 시간과 돈과 건강이라는 혜택을 얻었다. 이 모든 바

람직한 일들이 한 번의 대출에서 비롯되었다. 이제 이것이 수백만 배로
확장되는 모습을 상상해보자.

우리가 다보스를 방문했던 2019년, 항공사에서 실수로 맷의 여행
가방을 분실했다. 5년 전에 보노가 맷의 조끼 스웨터를 민망하게 여겼
다면, 맷은 내 옷을 빌릴 수밖에 없는 상황을 어떻게 생각했을까? ('누
가 더 멋지게 입었는가?'를 견주는 것이라면 나는 여전히 맷의 상대가 되지 않는다.) 그러
나 이제는 당당히 말할 수 있다. 비록 맷이 내 촌스러운 스웨터를 입었
을지라도, 우리의 이야기를 들어줄 사람들을 만나기 위해 그 추운 곳을
돌아다니면서도 과거보다 한결 편안한 마음이었을 것이라고 말이다.
나 역시 그랬다. 사람들의 지지를 이끌어내는 가장 좋은 방법은 누구도
무시할 수 없는 수치를 들이미는 것임을 우리는 처음부터 알고 있었다.
이 무렵에는 그러한 수치가 우리의 손에 있었다.

2019년까지 우리가 물 부족 위기와 싸우기 위해 동원한 자본은 10억
달러 이상이었다. 기부금이나 투자금으로 그 많은 돈을 확보했다는 뜻이
아니다. 그 정도의 기부금은 여전히 우리에게 꿈과 같은 수준이다. 10억
달러는 우리 파트너들이 집행한 대출 자산의 규모를 말한다. (최근에는 30억
달러로 늘어났다.) 우리의 최고전략책임자 리치 토르스텐(Rich Thorsten)과 최
고운영책임자 베디카 브한다르카르(Vedika Bhandarkar) 등 최고의 인재들

덕분에 이처럼 빠르고 효율적으로 규모를 확대할 수 있었다. 우리 단체가 투자한 1달러는 13달러의 사회적 가치로 환원되었다. 이것이 지렛대 효과이다. 지구상에서 가장 돈이 많은 사람들도 '10억'이라는 단어를 무시하기는 쉽지 않다. 그 정도로 성공한 사람 중의 상당수는 근원적인 문제 해결 능력을 가지고 있다. 그들은 확실한 효과가 있는 곳에 돈을 투자하고 싶어 한다. 우리가 보유한 수치는 그들에게 우리의 아이디어가 막연히 좋은 수준이 아니라 실질적인 해결책, 즉 이 위기를 해결하는 데 크게 기여한다는 것을 입증하는 증거이다.

투자업계에서도 우리를 더 유심히 살펴보기 시작했다. 처음 다보스를 방문했을 때, 우리는 CNBC 비즈니스 뉴스 프로그램 〈스쿼크 박스 (Squawk Box)〉에 출연했다. 그 당시 우리의 모습이 재계 사람들에게는 새로운 것에 대한 호기심 정도로 비쳐졌다. 그리고 몇 년이 지나 그 프로그램에 다시 출연했을 때는 방송에서 소개할 실제 투자 펀드와 자랑할 실적 지표를 들고 있었다. 2019년에는 카를로스 브리토(Carlos Brito, AB InBev CEO-옮긴이)와 앤 피누케인(Anne Finucane, BoA 임원-옮긴이) 같은 재계의 거물들과 함께 프로그램에 초대받기도 했다.

공식적으로 인정받으면서 점점 더 많은 펀드 투자자들이 투자에 동참했다. 첫 펀드를 출범하고 1천만 달러를 모으기까지 걸린 시간과 같은 기간에 두 번째 펀드는 5천만 달러를 모집했다. 지금까지 두 펀드 모두 많은 사람들이 기대한 만큼의 궤도에 올라 있다. 그래서 눈을 더 높여, 1억 5천만 달러의 펀드를 조성했다. 이 정도 규모의 자금력이면 지속적으로 더 많은 사람들에게 더 빨리 다가갈 수 있다.

맷의 과거 단체와 나의 과거 단체까지 포함해 100만 명에게 도움을 주기까지 20년이 걸렸다. 2019년에는 Water.org와 워터에쿼티를 통해 세계 곳곳의 모든 파트너들이 매 분기마다 200만 명을 지원하고 있다.

"모든 기업이 장기적으로 번영하기 위해서는 재무 실적을 끌어올리는 것뿐 아니라
사회에도 어떻게 긍정적으로 기여하는지 보여주어야 합니다."

- 래리 핑크

8장

벤처형
자선

시점

맛 데이먼

이것이 영화 시나리오라면 지금쯤 우리에게 혼선이 빚어질 시점이다.

이 무렵 우리 이야기는 이제 장애물을 극복하고, 속도를 더욱 올리며, 불가능할 듯했던 목표들도 가시권으로 들어온다. 그렇게 클라이맥스로, 개리가 유엔 총회 연단에 서서 지구촌의 물 부족 위기가 종식되었다고 선언하는 모습으로, 빠르게 전개되는 것처럼 보인다.

그러나 인생은 언제나 쓰고 싶은 대로 펼쳐지는 것이 아니다. 우리의 클라이맥스는 느닷없이 연기되었다. 이야기 전개가 갑자기 뒤엉키면서 우리는 부랴부랴 대본 수정에 매달렸다.

상황이 이런 식으로 뒤집히리라는 경고 신호는 전혀 없었다. 2019년은 그렇게 좋은 느낌으로 시작되었다. 워터크레딧 프로그램은 계속 성장했고 워터에쿼티 펀드 모집도 어느 때보다 순조로웠다. 다보스에서는 개리의 옷을 빌려 입었는데 생각보다 잘 맞았다. 그런데 무언가 이상한 일이 벌어지기 시작했다. Water.org의 기부금이 우리 생각만큼 늘어나지 않았다. 늘어나기는커녕 오히려 줄어들었다. 그것도 거의 20 퍼센트나.

20퍼센트 정도면 결코 적다고 무시할 수준이 아니다. 무언가를, 어떤 것이든, 20퍼센트 잘라보면 그 차이를 확연히 느낄 것이다. 문제의 원인을 찾기 위해 개리와 팀원들이 동원되었다. 프로젝트의 목표를 달성하지 못했기 때문만은 아니었다. 오히려 목표를 초과한 프로젝트도 더러 있었다. 기부금이 줄어든 것이 실적과 전혀 상관없다는 것만큼은 분명했다. 뭐가 문제인지 딱 꼬집어낼 수가 없었다.

알고 보니 다른 NGO나 사회적 기업들도 생애주기의 어느 시점이 되면 으레 겪게 마련인 다양한 문제들 중 하나였다. 이른바 '자선의 변덕'이었다. 이상한 소리처럼 들리겠지만 옳은 표현이다. 자선도 패션이나 음악처럼 유행이 있다. 한순간에 그 속으로 빠져들면, 또다시 새로운 무언가가 나타나고…… 완전히 빠져나오지 않으면서 예전처럼 푹 빠져 있지도 못하는 그런 상황들 말이다. 개리가 표현한 대로, 물은 1980년 대의 '물의 10년' 동안 유행하다가 그 후로 유행에서 멀어졌다. (누군가의 이름을 따서 새 이름을 짓는 일이 10년 동안 계속되면 이것도 유행이다.) 문제가 해결되지 않고 여전히 남아 있어도 대의라는 것은 오락가락하기 마련이다(루게릭병 문제로 아이스 버킷 챌린지가 이어질 때도 그랬다). 2019년에는 우리의 핵심 기부자들 중 일부가 새로운 지원 기회를 찾아 다른 곳으로 시선을 돌리기 시작했다. 우리에게로 향하던 지원을 중단하고 그들에게로 돌아선 것이다.

솔직히 말하면 우리는 이런 상황을 전혀 대비하지 못했다. 물의 10년과 느닷없는 결말을 기억했어야 했다. 이번에는 상황이 다를 거라고 생각했을 수도 있다. 이번에야말로 잘해내고 있었다는 뜻이다. 추진력을 모으고, 수치를 늘리고, 개종을 유도하고, 투자자를 확보하고, 단순해 보이는 모델을 지속적으로 시험하여 발전시키는 그 모든 것을 훌륭하게 수행했다. 연료만 조금 넣으면 알아서 끊임없이 작동하는 놀랍도록 효율적인 엔진을 만들었다. 그런데 느닷없이 연료가 바닥난 것이다.

내가 무언가를 잘못하고 있다는 느낌을 떨쳐내기 어려웠다. 아니면 해야 할 일을 제대로 하지 못했거나. 우리는 기본기가 탄탄한 데다 팀의 역량도 뛰어났다. 오히려 내가 맡은 일이 쉬운 편이었다. 더 많은 사람들이 선한 일에 관심을 갖고 지원하도록 설득하는 일 말이다. 그래서 내가 잘못하고 있다는 느낌이 강하게 들었다.

재원 확보가 어려움에 부딪힌 바로 그해에 개리는 옥스퍼드에서 열린 스콜 월드 포럼(Skoll World Forum) 회의에 참석했다. 사회적 기업가들이 모여 자신들의 프로젝트와 계획들을 논의하는 행사였다. 소녀들을 학교에 보내고, 인신매매와 싸우고, 지구촌의 보건 수준을 향상하는 등 이 행성에서 가장 창의적인 사회적 기업가들이 참석했다. 이런 행사는 항상 개리의 활력을 북돋운다. 그래서 우리에게 전할 이야기와 새롭게 시도할 아이디어들을 잔뜩 싸 들고 돌아온다. 그런데 이번만큼은 그 사회적 기업가들이 그다지 혁신을 입에 올리지 않았다. 분위기가 가라 앉아 있었다.

그들이 말한 것은 돈, 이게 없다는 거였다. Water.org처럼 그들 역시 재원 확보에 어려움을 겪고 있었다. 놀라울 정도로 성공 가능성이 높은 사회적 기업의 리더들 중 상당수는 계속 불꽃을 유지하기 어려운 지경에 처해 있었다. 이 회의에 참석했다는 것 자체가 이미 대단히 성공적이고 앞으로 확장할 여력도 충분하다는 것을 입증했다는 뜻이다. 그런데도 이들이 성장하는 데 필요한 자본을 지원할 사람이 없었다.

이런 장면은 개리와 내가 영리 투자 세계에서 본 모습과 완전히 대비되었다. 투자자라면 크고 성공적인 아이디어에 더 많은 베팅을 하기 마련이다. 벤처캐피털 업계에서는 큰 난제를 해결할수록 더 많은 투자가 밀려든다. 이것은 벤처캐피털이 훌륭한 아이디어를 더 큰 성과로 이끌어가는 과정이며, 여기에 큰 대가가 뒤따르는 것은 결코 우연이 아니다.

그러나 사회적 기업을 대상으로 이와 동일한 사고방식을 적용할 기부자들은 그리 많지 않았다. 기부라는 것이 성과가 아닌 변덕과 유행에 근거한다면 아무리 훌륭한 단체라도 재원이 마를 수밖에 없다. 개리와 나는 우리가 그런 방향으로 가고 있는 게 아닌지 걱정스러웠다.

물론 우리의 소망과 계획을 위협하는 것은 그뿐만이 아니었다. 우리 모두에게 2020년은 남은 인생의 분기점이자 그 이전과 이후를 나누는 분단선이며, 아무리 사소한 것도 당연한 게 아니라는 것을 고통스럽게 일깨워준 시기였다.

모든 것이 멈춰버린 그 순간을 나는 결코 잊지 못할 것이다. 그해 3월 코로나19가 인류를 저마다의 좌절 속으로 몰아넣으면서 세계 전역의 사무실과 식당, 학교 그리고 다른 모든 곳들처럼 Water.org 사무실도 폐쇄되었다. 나는 그래도 운이 좋았다. 그때 나는 아일랜드의 바닷가 마을에서 영화를 촬영하고 있었다. 세상을 집어삼키는 혼돈과 대비되는 너무도 아름답고 평화로운 곳이었다. 나는 가족과 함께 그곳에서 꼼짝도 하지 않았다.

이 마을처럼 안전한 곳에서 바이러스가 전 세계로 퍼져나가는 모습을 지켜보는 것도 섬뜩했다. 나는 이런 상황을 리허설로 경험한 적이 있다. 10년 전에 제작한 〈컨테이전(Contagion)〉이라는 영화의 소재가 지금 상황과 흡사하게 치명적인 호흡기 질환이 지구 전체를 뒤덮는다는 내용이었다. 2020년에 전개된 현실의 공포담도 그와 유사한 스토리 구조를 띠고 있었다. 느려터진 초기 대응, 만연된 공포, 군중 격리로 인한 소름 끼치는 정적, 가짜 치료제를 판매하는 가짜 지도자들, 그리고 끊임없이 상기시키는 '손을 씻으시오!'라는 소리들까지.

다시 말하지만 이것은 디스토피아 소설을 쏙 빼닮은 현실의 이야기였다. 집의 싱크대 옆에서 '생일 축하' 노래를 두 번 부르며 손도 아주 깨끗이 씻었다고 식구들에게 강조하면서도, 머리 한편으로는 물을 사용할 수 없어 손조차 씻지 못하는 수억 명의 사람들을 떠올렸다. 그 무렵 어느 기자는 공중보건 공무원들이 권장하는 손을 씻어야 하는 상황 (집 밖에서 무언가를 만진 후, 기침이나 재채기를 한 후 등)을 사람들이 하루에 몇 번이나 경험하는지 헤아려보았는데, 대략 열 번 이상이었다. 4인 가정에서 이 정도로 손을 씻는 데에만 매일 75리터 이상의 물이 필요하다.[1]

깡통이나 양동이로 (손 씻기뿐 아니라 다양한 용도로 사용할) 물을 날라야 하는 사람들, 한 방울의 물도 귀한 자원인 사람들에게는 이런 선택권조차 없다. 게다가 집에 물과 위생 시설이 없으면 바이러스 감염이나 확산을 예방하기 위해 집에서 나오지 말라는 공공보건 명령조차 따를 수 없다. 이러지도 저러지도 못하는 상황에 빠지는 것이다.

집뿐 아니라 병원! 여기에도 충격적인 사실이 숨어 있다. 저소득 국가는 의료기관의 1/4이 비누와 수돗물이 부족하다.[2] 바꾸어 말하면 글로벌 팬데믹이 한창인 상황에서 보건의료 관계자들조차 손을 씻을 물이 없다는 뜻이다. 믿을 수 없는 일이다. 세계는 감염 예방을 위한 개인 보호 장구인 PPE(Personal Protective Equipment) 공급을 늘리는 데 집중했다. 충분히 납득할 만한 상황이다. 하지만 물이야말로 가장 기본적이고 가장 소중한 PPE다.

갑자기 물과 위생에 대한 접근성이 그 어느 때보다 사활이 걸린 시급한 문제로 부상했다. 그런데도 Water.org와 우리 파트너들은 완전히 무력해지고 말았다. 수도 연결 횟수를 늘리려던 우리의 노력이 팬데믹으로 모두 중단된 것이다. 앞에서도 설명했지만 이 모든 활동은 대면 접촉으로 이루어진다. 대출 관계자들이 빈민촌의 이 집 저 집을 찾아다니며 직접 교육도 하고 계약도 마무리해야 한다. 원격으로 할 수 있는 일이 아니다. 그래서 한동안 우리가 할 수 있는 일이 아무것도 없었다.

또한 세계인들의 이동이 줄어들다가 중단되다시피 하면서 돈의 흐름도 멈췄다. 팬데믹의 경제적 파급효과는 지구 전체를 뒤흔들었고 기부금도 훨씬 더 줄어들었다. 팬데믹이 시작된 지 얼마 지나지 않았을 무렵에 Water.org의 최대 기부자로부터 예정된 지원이 어려울 것 같다는 통보를 받았다. 우리 전체 예산의 1/3에 해당하는 금액이었다.

그동안 우리는 얼마나 더 많이 성장할 수 있을지, 얼마나 더 많은 사람들에게 다가갈 수 있을지를 이야기해왔다. 그런데 갑자기, 다른 단체들도 마찬가지겠지만, 다가올 몇 개월을 어떻게 살아남아야 할지 고민하는 지경에 처했다. 이 위기를 극복하겠다는 목표가, 많은 시간을 노력한 끝에 점점 다가오는 것만 같았던 그 목표가, 갑자기 확 멀어져버렸다.

유행과 갑작스러운 위기로 우리의 경로를 이탈할지도 모르는 상황에서 어떻게 해야 초점을 유지할 수 있을까? 충분한 관심과 충분한 헌신 없이는 결과를 낼 수 없는 문제에 맞서서 어떻게 해야 지속적인 발전을 이룰 수 있을까?

해답은 쉽지 않다. 그러나 의심의 여지 없는 해답의 한 부분을 차지하고 있는 변함없는 사실이 있다. 어떤 어려움이 우리의 앞길을 가로막더라도 그 모든 문제를 해결하는 중심에 물이 있다는 것을 계속해서 사람들에게 상기시켜야 한다는 것이다. 시작도 하기 전에 멈추는 일은 없어야 한다.

보건 위기를 예로 들어보자. 앞서 설명했듯이 물과 위생은 코로나19와 같은 바이러스의 확산을 멈추는 데 필수적이다. 다음에는 (미안한 말이지만 과학자들도 다음 팬데믹이 또 있을 것이라고 예견한다) 물과 위생 시설의 도움으로 팬데믹의 충격에 대비할 수 있을 것이다.3

어떻게 그럴 수 있는지를 설명하기 위해 영화 〈컨테이전〉의 결말을 소개한다. 스포일러라고 할 수도 있겠다. 우리 모두가 현실 버전으로 이미 경험했는데도 굳이 스포일러라고 한다면 말이다.

영화 막바지에 카메라가 등장인물들에서 박쥐로 이동한다. 박쥐는 숲에 사는데, 사람들이 농지를 만들기 위해 불도저로 숲을 파괴한다. 돼지 사육장으로 피신한 박쥐가 먹고 있던 바나나 조각을 바닥에 떨어뜨린다. 그 바나나를 삼킨 돼지가 홍콩의 한 식당에서 요리되고, 그 요리를 만든 조리사가 씻지도 않은 손으로 영화 속 내 아내인 기네스 펠트로와 악수한다. 이렇게 아내는 박쥐에서 돼지를 거쳐 인간으로 전해진 치명적인 바이러스의 첫 번째 보균자가 된다.

내가 영화의 결말을 모두 소개하는 이유는, 이 장면에 등장하는 3가지 요소들이 새로운 질병을 확산하는 조건이라는 데 과학자들도 동의했기 때문이다. 야생동물과 인간의 거리를 더욱 가깝게 만드는 자연 서식지 파괴, 야생동물의 면역체계를 약화하는 산업형 농업, 그리고 모든 인간을 더 밀접 접촉하게 만드는 세계화가 그것이다.

코로나19 팬데믹 상황에서 많은 사람들이 이런 말을 했다. "이런 일이 일어나리란 것을 알았어야 했는데!" 앞으로 다가올 사태에 대해서도 마찬가지다. 전염병 연구 전문가 사이먼 리드(Simon Reid) 박사는 이렇게 말했다. "문제를 유발한 조건을 해결하지 못하면 다음번 확률 방정식이 등장할 때까지 앉아서 기다릴 수밖에 없습니다. 그리고 그 일은 일어날 것입니다."[4]

그리고 〈컨테이전〉의 시나리오 작가 스캇 Z. 번스(Scott Z. Burns)가 또 한 가지 맞힌 것이 있다. 건강 문제에 대응하는 첫 번째 방어 수단은 언제나 손 씻기라는 사실이다. 스캇이 내게 보내온 영화 시나리오에도 "읽고 나면 손을 꼭 씻으세요"라는 쪽지가 붙어 있었다.[5]

물과 위생에 대한 접근성이 보편화되면 애초에 팬데믹이 발생할 가능성이 낮고, 발생하더라도 확산 속도가 훨씬 느리다. 코로나19가 확산되면서 이 메시지도 점점 부각되기 시작했다. 〈워싱턴포스트〉는 "물을 사용하기 어려운 환경에서 팬데믹 극복하기"라는 헤드라인으로 인상적인 스토리를 담았고, 〈뉴욕타임스〉는 "수돗물 없이 어떻게 코로나 바이러스와 싸울 것인가?"라는 질문을 던졌다.6, 7 (정답 : 별로 효과 없다.) 개리와 나는 이 주제에 대해 논의하는 〈타임 100 토크(TIME 100 Talks)〉 프로그램에 초청받았다. 깨끗한 물이 바이러스 확산을 저지하는 데 도움이 된다는 사실을 미국의 시청자들에게 납득시키기 위해 애쓸 필요 없다. 사람들은 이미 다 알고 있다. 우리는 그저 논점을 충실히 이해시키려 노력했을 뿐이다.

물론 물에 대한 접근성이 떨어지는 사람들은 이 사실을 훨씬 더 처절하게 이해했다. 이것이 바로, 우리가 활동하는 나라 중에서 가장 큰 인도의 일부 지역에서 2020년의 온갖 장애물에도 불구하고 물과 위생 대출의 수요가 증가한 이유이다. 덕분에 그해에도 대출 목표치를 초과했다. 또한 우리는 Water.org를 운영하기 위해 친구와 가족 등 모두가 똘똘 뭉쳤다. 많은 사람들의 크고 작은 기부에 많은 사람들의 노고와 혁신이 더해져, 우리는 여전히 앞으로 나아가고 있었고, 현장에서도 계속 활동을 이어나갔다.

우리는 사명을 향해 그 어느 때보다 긴박하게 움직였다. 팬데믹은 지구 반대편에서 일어나는 일이 우리 고향 사람들에게 어떤 영향을 미칠 수 있는지 고통스럽고도 분명하게 보여주었다. 질병을 국경으로 통제할 수 없는 지금의 세상에서 물과 위생에 대한 접근성이 모든 지역과 모든 사람들에게 확대된다면, 다음에 찾아올 위기에 훨씬 안전하고 효과적으로 대응할 수 있을 것이다.

사람의 목숨은 안전한 물과 위생에 달렸다는 말을 오랫동안 수도 없이 했다. 이제는 우리의 목숨도 그 상황에 처해 있음이 명확해졌다.

다가올 수십 년 동안 세상의 이목을 사로잡을 또 다른 위기, 특히 기후 변화를 생각하면 우려가 더욱 커질 수밖에 없다.

개리는 물과 위생의 보편화가 기후 변화에 적응하는 데도 필수적이라고 말했다. 물과 위생에 대한 접근성이 취약계층의 복원성을 더욱 향상하기 때문이다. 적응은 필요하지만 이것이 유일한 해법은 아니다. 지구에서의 삶이 더 무섭고 치명적으로 변하리라는 것을, 산불과 태풍과 기근이 앞으로의 운명이라는 것을, 우리가 할 수 있는 일은 적응하는 것임을, 우리는 묵묵히 받아들일 수만은 없다. 기후 변화를 멈추고 완화하기 위해 우리가 할 수 있는 모든 것을 해야 한다.

여기서도 물이 차이를 만들 수 있다. 인간의 건강에 해로운 물과 위생 시설은 지구의 건강에도 해롭다. 한 예로 인간의 배설물은 메탄가스를 방출한다. 메탄의 온난화 효과는 이산화탄소보다 28배나 강하다.[8] 매년 세계적으로 배설물과 폐수가 발생시키는 온실가스는 미국의 모든 자동차가 발생시키는 양보다 많다.[9, 10]

새로운 연료 표준을 선점하기 위한 경쟁과 차세대 시장을 노리는 전기자동차 등 친환경 자동차를 만들기 위해 애쓰는 모습을 상상해보자. 그러나 인간의 배설물은 어떤가? 신형 테슬라만큼 배설물에 관심을 보이는 사람들이 있는가? 트위터에서 '인간 배설물'이 유행하는 장면을 목격한다면 무언가 크게 잘못된 상황이 벌어진 것이다.

유쾌한 일은 아니지만 우리는 여기에도 더 많은 관심을 가질 필요가 있다. 전 세계적으로 폐수의 80퍼센트가 처리되지 않은 채 버려진다.[11] 그 결과 폐수가 물 공급에 끼어들어 사람들을 아프게 하고 더 많은 메탄가스를 방출하고 지구까지 아프게 한다.

버려지는 것들 중에 우리가 관심을 가져야 할 것이 또 하나 있다. 물을 이곳에서 저곳으로 나르면서 낭비되는 에너지다. 빈민들은 물을 구할 수 있더라도 (구하지 못하면 살아남기 어려우니까) 그 과정이 매우 비효율적이다. 대다수의 농촌 지역사회에서 낭비하는 에너지는 인간의 노동력이므로 환경에 끼치는 해악이 매우 제한적이다. 그러나 인구밀도가 높은 지역에서는 비효율적인 급수 시설이 어마어마한 양의 화석 에너지를 소비한다. 수도 시설은 가까운 수원지가 오염되었기 때문에 먼 곳에서 물을 끌어오느라 엄청난 양의 전기를 사용한다. 게다가 공기업들은 물을 실어 나를 탱크 트럭의 연료로 또 엄청난 경유를 소비한다. 많은 양의 물을 잃음으로써 다시 많은 양의 에너지를 허비하는 악순환이다.

2019년 개리와 나는 필리핀을 방문해 한 공기업 관계자들과 이야기를 나눴다. 이 나라에서 가장 큰 수도 공기업 마닐라 워터(Manila Water)는 매년 미국의 2만 1천 가구에서 사용하는 양과 비슷한 전기를 소비한다.[12, 13] 지방정부와 마닐라 워터의 합작 벤처 법인인 라구나 워터

(Laguna Water)의 관계자들은, 10년 전만 해도 수도관 균열로 누수되는 양이 전체 급수량의 48퍼센트에 육박했다고 설명했다. 깨끗한 물이 부족해 수백만 명이 고생하는 나라에서 라구나 워터 급수량의 거의 절반뿐 아니라 그 물을 움직이는 데 드는 에너지의 절반이 사라져버린 것이다.

이 공기업은 상황을 크게 반전시켰다. 버려지는 물의 양을 21퍼센트로 줄인 것이다. 물론 아직도 많은 수준이지만 그래도 크게 개선된 건 사실이다. 그리고 수도관을 교체하고 누수 지점을 수리하고 급수 체계를 개선하는 등 하부구조를 강화하는 데도 계속 투자해왔다. 하지만 이런 성공 사례는 극히 드물다. 개발도상국의 수도 공기업이 누수로 잃는 물의 양은 평균 35퍼센트이다. 이렇게 물이 버려지는 것도 세계의 일부 극빈 지역사회에서 물값이 비쌀 수밖에 없는 이유 중 하나이다.[14] 이 시스템을 고치지 않으면 세상이 점점 도시화되는 것에 비례해 문제도 더 악화될 것이다. 늘어나는 시민들을 감당하기 위해 도시는 더 많은 물을 확보해야 하고, 그러기 위해서는 더 많은 에너지를 소비해야 한다. 새로운 식수원을 찾는 일 또한 많은 에너지가 필요하다.

그러나 다시 한 번 강조하지만, 다른 길이 있다. 우리는 그 길을 선택하기만 하면 된다. 라구나 워터가 그 방법을 보여주었다. 하부구조를 개선하고, 물 낭비를 줄이고, 에너지 소비를 줄이는 것이다. 일부에서는 운영 과정에서 소비되는 에너지를 줄이는 동시에 폐수로 인한 오염까지 줄이는, 한층 지능적인 물과 위생 체계를 설계하고 있다.

폐수 처리를 개선한다고 해서 개리 화이트처럼 흥분하는 사람이 얼마나 될까? 헛소리하는 사람들을 사정없이 비판하는 빌 게이츠 같은 사람이 아니라면 말이다.[15] (빌 게이츠 같은 사람이 아니면 관심조차 보이지 않을 것이다.) 하지만 흥분할 만한 이유가 여기 있다.

앞에서도 말했듯이 폐수를 처리하면 온실가스가 대기 중에 배출되는 것을 막을 수 있다. 실제로 인간의 배설물은 물을 이동시키고 위생 시설을 처리하는 데 필요한 바로 그 에너지를 만들 수 있다. 그 자체로 하나의 에너지원인 것이다. 전 세계에서 연료로 전환되는 인간 배설물의 가치는 천연가스 약 95억 달러와 맞먹는다.[16]

"물이 문젯거리가 될 필요는 없습니다. 오히려 물은 해결책의 일부가 될 수 있습니다."[17] 유네스코 사무총장 오드레 아줄레(Audrey Azoulay)의 말이다. 실제로 물은 기후 변화와 보건, 불평등 문제의 해결책이 될 수 있다. 또 스톡홀름 대학교에서 복원성 센터(Resilience Centre)를 운영하고 있는 요한 록스트룀(Johan Rock-ström)은, "물은 생물권의 혈류이며 우리 미래의 결정인자"라고 지적했다.[18] 이 말은 내가 앞에서 인용했던 탈레스의 오랜 경구, "물은 만물의 첫 번째 원리다"를 과학자적 수사로 표현한 것이다.

우리가 이 메시지를 계속 퍼뜨려서 어느 곳에 사는 사람이든 이것을 이해한다면, 물을 바라보는 사람들의 사고방식 자체를 바꿀 수 있다. 물은 시점이 왔다 갔다 하는 대의가 아니고 두세 번째로 중요한 관심사도 아니다. 물 자체를 하나의 해결책으로 바라봐야 한다. 물을 하나의 기회로, 우리가 측정할 수 있는 것보다 훨씬 다양한 방식에서 기회로 바라볼 수 있어야 한다.

50년 전, 존 D. 록펠러는 새로운 기부 방식을 묘사하는 용어를 창안했다. 벤처 필란트로피(Venture Philanthropy), 즉 벤처형 자선이다. 그는 "인기 없는 사회적 대의에 자금을 조달하는 모험적 접근"[19]이라는 새로운 방식을 꿈꾸었다.

록펠러가 규정한 대로 벤처형 자선은 특정 시점에서 기부자의 변덕이나 유행을 타지 않는다. 그보다는 벤처캐피털처럼 가장 유망한 아이디어를 찾아서 목적을 이루는 데 필요한 자금을 지원한다. 위험을 얼마나 수용하느냐에 따라 진전 속도도 달라지므로 애초에 별다른 조건을 달지도 않는다. 그리고 계획이 성공할수록 자금 규모도 늘어난다. 그래서 '세상을 바꾼다'는 말이 결코 빈말이 아니라고 여겨지는 수준까지 규모가 확장될 수 있다.

록펠러가 살아 있을 때는 벤처형 자선이 빛을 보지 못했다. 그러나 그 시대가 지금 도래했다. 부의 편중이 사상 최고 수준에 이르렀다는 것은 더 이상 비밀이 아니다. 나처럼 운이 좋아서 재정적으로 큰 행운이 따랐다고 하더라도 이것은 분명 축하할 일이 아니다. 누구도 이처럼 부당하고 불평등한 체제에 만족해서는 안 된다. 세계의 극소수 억만장자들이 보유한 부는 세계 인구의 60퍼센트가 가진 것과 비슷하다. 부호 2,153명의 재산이 46억 인구의 재산을 합친 것보다 많다.[20]

그나마 다행스러운 것은 2,153명 중에서 자신의 재산을 공익에 사용하겠다고 공개적으로 서약한 사람들이 점점 늘어나고 있다는 사실이다. 빌 게이츠와 멜린다 게이츠, 워런 버핏이 억만장자들을 대상으로 재산의 최소 절반 이상을 기부하겠다는 서약을 촉구하는 운동인 '더 기빙 플레지(The Giving Pledge)'를 시작한 이면에도 이와 같은 생각이 있다.

억만장자들 대부분은 사업으로 수십억 달러를 벌어들였다. 이들은 벤처캐피털에 익숙할 뿐 아니라 기업가적 사고방식을 가지고 있다. 따라서 자선의 규모가 커질수록 그들은 시장의 판도를 바꿀 잠재력을 지닌 획기적인 아이디어를 찾아내 이 개념을 입증하고 규모를 확장하는 데 필요한 자본을 지원하는 벤처캐피털 역할을 할 수 있다.

우리는 이런 모습이 등장하기 시작한 징후를 목격했다. 나이아가라 보틀링(Niagara Bottling)의 창업자 앤디 페이코프(Andy Peykoff)는 워터크레딧과 워터에쿼티에 수백만 달러를 지원하는 큰 결단을 내렸다. 그 아이디어들이 아직 증명되지도 않은 시점에 가능성을 내다본 그는 위험을 무릅쓰고 우리에게 투자했다. 이런 노력은 지금도 계속되고 있다. 최근에도 그는 차기 워터에쿼티 펀드에 생명을 불어넣을 팀을 고용하는 데 추가로 500만 달러를 지원하기로 약속했다.

어쩌면, 정말 어쩌면, 이런 통 큰 투자가 앞으로 더 늘어날지도 모른다. 2018년, 개리는 더 기빙 플레지 연례 모임의 강연 요청을 받았다.

이 단체는 매년 모임을 열어 기부자들에게 긴급한 국제 문제들을 교육한다. 그리고 회원들이 자산을 사회적으로 가장 유익하게 사용할 수 있는 몇몇 유망한 투자 분야도 강조한다. 물은 그 목록에 없었다. 적어도 그해까지는.

개리는 우리의 모델을 향한 뜨거운 관심을 보았다. 질문이 잇따랐고 돌발 토론이 이어지기도 했다. 그 대화들 중 일부는 아직도 진행 중이다. 그러나 그때까지의 모든 논의에도 실제 기부는 단 한 건에 그쳤다. 이것은 기부가 실행된 이후에도 상당한 액수의 돈이 쓰이지 못하고 방치될 수 있다는 것을 의미하기도 한다(사실 '상당한'이라는 단어로 묘사하기에는 그 규모가 너무 크다). 현재 재단들에 투입된 전체 자산의 무려 95퍼센트가 보호 계좌에 갇혀 있다. 따라서 기부자들에게는 큰 세제 혜택이 있을지 몰라도 사회적 목적에는 기여하지 못한다.

물론 쉽지 않은 일이라는 것을 나도 잘 안다. 당신의 돈이 가장 효과적으로 쓰일 곳이 어디인지를 판단하거나 어떤 문제에 관심을 가질지를 선택하는 과정은 꽤 복잡하다. 더러는 감정에 치우치기도 한다. 보노가 재촉하지 않았더라면 나도 생각을 정리하는 데 훨씬 많은 시간이 걸렸을 것이다.

하지만 최근에 메켄지 스캇(MacKenzie Scott, 아마존 창업자 제프 베이조스의 전처)과 잭 도시(Jack Dorsey, 트위터 창업자)가 행동에 나서기 시작한 것처럼, 개리와 나는 그런 억만장자들이 조금 더 과감하고 빠르게 움직여주기를 바란다. 하루 늦어진 만큼 수백만의 사람들이 질병과 박탈 속에서 그 하루를 견뎌야 하기 때문이다. 그리고 너무 오래 기다리는 억만장자들의 전화번호는 보노에게 전달할 것이다.

그러나 궁극적으로는 우리의 세상을 개선하기 위해 '기업가적 접근'을 할 만한 역량을 가진 사람들이 통 큰 신규 기부자들뿐인 것은 아니다. 우리 모두가 그 주인공이다. 당신이 보잘것없는 금액을 투자하더라도, 잠재적 혁신 아이디어들을 실제로 입증하는 과정에서 당신만의 역할을 할 수 있다. 규모를 떠나 모든 기부는 사회적 기업을 신뢰한다는 의미에서 던지는 한 표이며, 이것은 혁신하고 변화를 창조하고 결과를 이끌어내는 사회적 기업의 역량을 더욱 강화한다.

최근 들어 우리는 순간의 어려움들로 인한 중압감에 짓눌려 있었다. 그럴 때 일상의 장애물과 우울한 뉴스 너머로 시야를 더욱 확장하면 그 변화의 추세가 계속해서 진행되고 있음을 깨닫는다.

2018년에 이 책을 집필하기 시작했을 때 나는 이렇게 썼다. "Water.org, 2,200만 명에 도달하다." 책을 끝내기 전에 이 수치는 2,500만 명으로 늘었다. 그리고 3천만 명. 이 책이 인쇄에 들어가기 직전에는 다시 3,800만 명으로 갱신되었다. 당신이 이 책을 읽고 있을 무렵에는 아마 이 수치도 지난 자료가 되어 있을 것이다.

사하라 사막에서 진행한 초창기 프로젝트들을 생각하고 한 마을에 깨끗한 물을 공급한 것이 대단한 승리인 양 뿌듯해하던 시절을 돌이켜 보면, 지금의 이 수치는 실로 경이적인 수준이다. 하지만 다른 관점, 즉 얼마나 멀리 왔느냐가 아니라 앞으로 가야 할 길이 얼마나 남았느냐는 측면에서 보면, 이 수치가 그리 대단하게 느껴지지 않는다. 이제 출발점에 서 있는 느낌이다. 세상에는 아직도 7억 8,500만 명이 깨끗한 물을 사용할 수 없으며, 적절한 위생 시설이 부족한 인구도 20억 명에 이른다는 사실을 기억해주기 바란다.

가장 흥미로운 소식은 우리의 활동 범위에 들어온 사람들의 수치가 아니다. 정말 흥분되는 것은 이렇게 진보하는 과정에서 등장해야 했고 또 실제로 등장한 '시스템의 변화'이다. 이 모든 성과는 물 부족 위기를 끝내기 위해 헌신한 세계 각국의 지도자들, 가치 있다고 여기는 곳에 기꺼이 돈을 지불한 전 세계 수많은 사람들, 달러로 측정되지 않는 수익에 눈을 뜨기 시작한 투자자들 덕분이다. 그리고 무엇보다 소액대출을 받아 전액을 상환하고 자신들의 미래를 주체적으로 경영한 전 세계 수백만 명의 현명하고 용감한 사람들 덕분이다.

물 부족 위기를 해결하려면 전 세계적인 노력이 필요하다는 것을 우리는 처음부터 알고 있었다. 이 스토리 전체를 되돌아보고 지난 30년 동안 놀라운 성장 과정을 직접 확인한 나는, 충분히 가능하다고 확신한다. 아니, 이미 진행되고 있을 것이다.

9장

파도

시점
개리 화이트

이 책에서는 '물'이라는 단어가 포함된 관용구를 최대한 사용하지 않으려고 애썼다. 그러나 솔직히 말하면 쉽지 않았다. '상황을 살피다(testing the waters)'라든지 '무슨 일이 있더라도(come hell or high water)'와 같이 '물'이 포함된 함축적 표현은 수도 없이 많다. 상투적 표현의 홍수라고나 할까.

하지만 우리의 이야기도 거의 막바지에 이른 지금쯤, 책을 끝내기 전에 딱 하나의 관용적인 표현만 허락하려 한다.

이 위기를 끝내려면 파도가 있어야 한다.(To end the crisis, we need a wave.)

파도의 흥미로운 점은 에너지를 어디서 얻느냐에 있다.

해변에 서서 파도가 만들어지고 밀려와 부서지는 모습을 바라보며, 그 에너지와 운동량이 수 킬로미터 떨어진 곳의 물 분자에서 시작된다는 사실을 아는 사람은 많지 않다. 물 분자들이 보이지 않게 서로 작용하다가 마침내 수면으로 부상하는 순간이 있다.

물의 10년 동안 (정부 지도자, 개발 전문가, 다변적 조직 등) 권력을 지닌 많은 사람들이 위로부터의 변화를 이끌어내기 위해 노력했다. 하지만 그들은 자체 프로그램을 통해 도움을 주려 했던 사람들의 자원이나 에너지, 역량을 충분히 활용하지 못했다. 많은 노력을 기울였지만 파도를 일으키지는 못한 것이다.

그러나 지금 우리가 바라보는 장면은 전혀 다르다. 위에서 아래로(톱다운)뿐 아니라 경제 피라미드의 밑바닥에서 위로, 수백만 명의 능력과 지혜와 경제력을 동원했을 때 어떤 놀라운 일이 일어날 수 있는지를 보여준다. 빈민들은 변화의 가능성을 보았고, 많은 지역에서 실제로 변화한 모습을 목격했으며, 자신들도 그와 같은 변화의 일부가 될 준비가 되어 있다.

파도가 그들에게 이르렀고, 이제는 그들이 부상할 시간이다.

워터크레딧 덕분에 필요한 자원에 접근할 수 있는 4천만 명의 사람들에게 이 장면은 이미 현실이 되었다. 그러나 아직까지 도달하지 못한 사람도 수십억 명에 달한다.

우리가 어떻게 해야 그 사람들에게 다가갈 수 있을까?

도달하기 어려운 수준에 따라 그 수십억 명을 대략 3가지 범주로 나눠 접근하는 방식이 효과적이다.

지금쯤이면 당신도 첫 번째 집단에 어떤 사람들이 있을지 짐작할 것이다. 그들이 이 책의 핵심이다. 그들은 누군가 약간의 대출만 지원해준다면 얼마든지 물과 위생 문제를 해결할 수 있고 또 그럴 의지도 있는 사람들이다. 지금까지 이 책을 읽으면서 이해했듯이, 이 집단이 자체적으로 해결할 수 있음을 입증하기까지 꽤 많은 시간이 걸렸다. 그러나 지난 10년 동안 우리뿐 아니라 그들도 할 수 있다는 것을 보여주었다. 우리는 그들과 비슷한 사람들을 5억 명 정도로 추정한다. 자원만 충분하다면 우리가 그들에게 매우 빠른 속도로 다가갈 수 있다.

그러기 위해서는 많은 사전 작업이 필요하다. 10억 명의 절반이면 확실히 많은 사람들이다. 그러나 이 접근법이 성공하면서 점점 더 추진력이 생겨 우리는 더 크게 생각할 수 있다. 이제 우리는 물과 위생에 대한 접근성이 부족한 다음 집단, 즉 소액대출로는 충분하지 않은 사람들에게 집중하기 시작했다.

소액대출로 충분하지 못한 이유는 그들이 사는 지역에는 매우 중요한 요소가 빠져 있기 때문이다. 기반시설이다. 많은 도시와 그 외곽 지역에는 지하로 물을 수송하는 수도관이 없는 경우가 있다. 게다가 하수 시스템도 갖춰지지 않아 활용할 무언가가 아예 없다.

지금 당장은 이 집단이 수도 시설을 운용할 수 있는 범위를 벗어나 있다. 그렇다면 왜 공익시설이 이곳까지 확충되지 못한 것일까? 수요는 분명히 있다. 인구가 있기 때문이다. 그리고 그들도 소액대출을 받으면 유료 고객이 될 수 있다.

그러나 대다수 공공기업들은 아직도 빈민을 고객으로 바라보지 않는다. 앞에서 설명했듯이, 이처럼 새로운 사고방식을 모든 지역에서 받아들이는 것은 아니다. 많은 공공기업들이 이런 사고방식을 가지고 있기 때문에 신규 고객이 늘어날 때마다 수익이 감소한다고 생각한다.

공공기업들은 서비스를 공급하는 비용을 회수하기도 어려울 때가 많다. 정부는 종종 청구 요금을 내리라고 압박하므로 유권자들은 거의 무료에 가깝게 물을 이용할 수 있다. 듣기에는 좋은 소리 같지만, 요금이 지나치게 낮으면 수도 공공기업이 안정적으로 물을 흘려보내고, 수질을 깨끗하게 관리하고, 누수 배관을 수리하는 등 공급을 유지하는 데 드는 비용을 확보하기 어렵다. 이런 비효율적인 시스템은 맷이 말한 것처럼 에너지와 물을 낭비하고 온실가스도 배출한다. 그 결과 수억 명의 사람들이 물과 위생 시설에서 멀어진다.

이것이 우리가 앞으로 넘어야 할 또 하나의 봉우리다. 게다가 이 봉우리는 점점 더 가팔라지고 있다. 2000년 이후로 매일 평균 1만 6,500명이 일자리를 찾아 도시 빈민가로 이동했다. 1년에 거의 600만 명이다.[1] 그들에게도 당연히 물이 필요하다. 그들에게도 위생 시설은 필요하다.

그들에게도 제대로 작동하는 공익시설이 필요하며, 그 인구가 계속 늘어남에 따라 수도 시스템이 확장되어야 한다.

다행히 유엔과 세계은행 및 여러 기관의 유능한 전문가들이 이 부문을 담당하고 있다. 그들은 공공기업들의 효율을 높이고 재정 능력을 강화하기 위해 협력한다. 필리핀에서도 보았듯이, 여러 곳에서 아름다운 그림들이 속속 등장하고 있다. 캄보디아와 페루 같은 나라들도 자국의 물과 위생 시스템을 확장할 방법을 연구하고 있다.

Water.org도 지원을 강화하고 있다. 한 예로 우리는 인도네시아의 공공기업들과 협력하며, 특정 지역으로 서비스를 확장하면 그곳에 살고 있는 신규 유료 고객들을 끌어들일 수 있다는 사실을 납득시키려고 노력한다. 이것을 확신하는 우리가 공공기업에 대한 대출 보증을 지원함으로써 가장 필요한 곳에 기반시설을 구축할 자본을 확보할 수 있다. 물론 잘 진행되고 있다.

Water.org가 공공기업의 운영 역량을 강화하고 신규 유료 고객들을 찾아내는 일을 돕는다면, 워터에퀴티는 신규 배관을 설치하고 누수를 해결하고 폐수 처리 시설을 건설하는 등 기반시설을 개선하는 데 필요한 자금을 지원한다. 그렇게 해서 수백만 명이 물과 위생 시설을 이용하고, 엄청난 양의 메탄가스와 이산화탄소의 대기 방출을 억제하며, 물과 위생 시설에 대한 투자가 매우 현명한 일이라는 것을 전 세계에 알린다. 워터에퀴티는 새로운 수도 시설 투자의 개척자로서 자체적인 사업 영역을 그려나갈 뿐 아니라 이미 알려진 고객 기반과 공공기업이 연결되면 얼마나 훌륭한 투자 기회가 될 수 있는지를 전 세계 자본시장에 보여준다. 우리가 그렇게 하면 다른 투자자들도 우리의 뒤를 따를 것이다.

우리의 목표는, 물과 위생에 투자하고자 하는 사람은 누구나 합리적인 비용으로 그 기회를 누리도록 하는 것이다.

이제 우리가 도달해야 할 마지막 집단이 남았다. 물과 위생 시설이 필요하지만 비용을 감당할 수 없는 사람들이다. 일부 농촌지역은 현실적으로 대출을 하지 못할 정도로 극심한 빈곤에 시달리고 있다. 설상가상으로 이런 지역들은 도시에서 아주 멀리 떨어져 있다. 수도 시설이 확산되는 속도가 느리기 때문에 이런 지역까지 도달하려면 많은 시간이 필요하다. 이런 곳에서 가구별 수도 시설을 설치하려면 엄청난 비용이 든다. 극도의 비용과 극도의 빈곤, 참으로 끔찍한 조합이다. 이 집단이 물과 위생 시설에 접근하려면 충분한 보조금을 통해 공동 우물과 수도 시설을 갖춰야 한다. 저소득 국가들의 정부는 선진국들과 (대부분 농촌지역의 극빈층을 지원하는) NGO들의 도움으로 이런 프로젝트를 추진하는 핵심 동력이 될 것이다.

지금까지 설명한 여러 가지 이유 때문에 자선단체가 주도하는 물 프로젝트는 유일한 해법은커녕 일차적인 해결에도 효율적이지 못했다. 그러나 시장 기반의 해결을 통해 다른 두 집단에 도달한다면, 문제의 마지막 집단은 우리가 자원을 동원하면 충분히 감당할 수 있을 정도로 그 규모가 줄어든다. 그렇게 우리는 물 부족 위기를 영구적으로 종식할 것이다.

　10여 년 전, 삶의 막바지에 다다른 아버지 제리 화이트가 도무지 믿기 어려운 이야기를 했다.

　그때 우리 가족은 차를 타고 캔자스시티를 돌아보고 있었다. 그 세대의 남자들이 흔히 그렇듯이 아버지도 자신의 이야기를 하는 경우가 무척 드물었다. 그렇게 아버지를 떠나보낼까 봐 안타까웠던 우리는 큰 승합차를 빌려 가족 모두를 태우고 아버지가 성장한 곳을 돌아다니며 아버지에게 자신의 이야기를 해달라고 했다. 우리가 몰랐던 아버지의 삶을 당신의 입을 통해 듣고 싶었던 것이다.

　아버지가 성장했던 동네를 돌아보고 있을 때 아버지가 가족들과 살았던 집을 손가락으로 가리켰다. 아버지가 그곳에 살 때는 뒷마당에 별채가 하나 있었다고 한다. 그때 시에서 하수 시설을 이 동네의 거리까지 확장하면서 아버지의 집 내부에도 배관 공사를 할 기회를 주었지만, 비싼 임대료에 시설비까지 감당할 수 없었다. 그래서 결국은 강제 퇴거당했다고 한다.

　나는 듣고도 믿어지지 않았다. 여기 있는 나, 지구 반대편에 있는 사람들에게 물과 위생 시설을 보급하기 위해 그토록 오랫동안 노력해왔는데, 정작 아버지가 자랄 때 집에 화장실조차 없었다는 사실을 전혀 모르고 있었다니…….

　이 운동의 진보가 무척이나 느리게 느껴질 수도 있다. 하지만 아버지가 해준 이야기를 들으면 무척 빠르게 느껴지기도 한다. 겨우 한 세대가 지났을 뿐인데도 물과 위생은 접근 불가능한 대상에서 너무도 당연한 것으로 바뀌었다.

　관심 있게 살펴보면 많은 곳에서 확인할 수 있다. 20세기 초만 하더라도 맨해튼의 인구 중 상당수는 깨끗한 물 없이 살았다. 일부 지역에 물과 위생 시설이 건설되었지만 여전히 많은 사람들에게는 그림의 떡이었다. 예를 들어 로어 이스트 사이드 지역 사람들은 수도관 위에서 70년을 살면서도 자기네 집에 수도꼭지나 화장실을 연결하지 못했다.[2]

　그러던 1901년, 가난한 뉴욕 시민들 대다수가 수도 시설을 이용할 수 있는 법이 통과되었다. 물론 지금은 뉴욕에서 물이 나오지 않는 아파트를 상상조차 할 수 없다.

　진보는 가능하다. 바로 지금, 우리는 뒤처진 나라들의 광활한 대지를 가로지르며 그 진보를 더욱 가속화할 힘을 가지고 있다. 그곳 사람들은 자신들만의 해결책에 투자하며, 자신들만의 운명과 미래를 통제하는 성공 스토리를 써 내려가고 있다. 우리가 계속 밀고 나간다면, 머지않은 어느 날, 누군가는 물과 위생을 이용하고 누군가는 그러지 못하는 세상이 사람들의 기억 속에만 존재하는 날이 올 것이다.

시점

맷 데이먼

이 모든 일이 실제로 일어나려면 당신이 필요하다. 이 책을 읽고 있는 바로 당신이. 지금 이렇게 당신에게 직접 말을 건네는 것이 어색할 수도 있겠다. 뮤지컬을 보다가 막바지에 이르면 갑자기 관객들의 참여를 유도하는 것처럼 말이다.

그러나 분명한 것은, 물 부족 위기의 영향을 받는 사람들만으로는 이 운동을 계속 이끌어나갈 동력을 얻기 어렵다는 사실이다. 위생 시설을 이용할 수 있는 세계 인구의 2/3, 깨끗한 물을 이용할 수 있는 인구 9명 중 8명이 참여해야 가능한 일이다. 바다의 물 대부분이 고요한 상태에서 파도가 지속될 수 없다.

그런데 솔직히 어디서부터 시작해야 할지 몰랐다. 한번은, 순전히 호기심으로, 유튜브에 들어가서 과거 개리와 내가 물 문제를 주제로 참여했던 패널 토론 동영상을 검색해보았다. 조회 수가 100회였다. 아무리 소셜미디어를 잘 모르는 내가 보기에도 100회는…… 너무 적었다. 그 래서 이번에는 사라 실버맨이 내 숙적인 지미 키멜과 데이트하던 시절 에 그녀와 함께 만든 동영상을 조회했다. 그의 등 뒤에서 우리 둘이 그 렇고 그런 행위를 한다는 내용의 노래였다. 조회 수를 보니, 무려 2,000 만 회였다. 물론 이것은 형평성에 맞는 비교가 아니다. 물을 주제로 한 패널 토론이 어떻게 입소문을 타겠는가?

그렇지만 여기서도 배울 것이 있다. 불필요한 잡음을 차단하고 이 주 제에 대해 꼭 해야 하는 말을 사람들이 듣고 싶게 만들 수 있도록 조금 더 창의적인 방법을 모색해야 한다는 점이다.

우리는 오랫동안 많은 방법들을 시도했다. 개리가 말한 것처럼, 스텔 라 아르투아는 우리의 훌륭한 파트너였다. 이 회사의 유능한 마케팅 및 브랜딩 전문가들은 우리 직원들이 정직한 비영리 안전지대에 갇히지 않도록 협력하며 도움을 주었다. 이렇게 해서 우리는 사회 실험 하나 를 고안했다. 먼저 식당과 호텔의 손님들에게, 수돗물이 단수되어 물을 마시거나 샤워를 하려면 몇 시간을 기다려야 한다고 말했다. 그런 다 음 몰래카메라로 그들의 반응을 관찰하며 기다렸다. (결론 : 반응이 그리 좋 지 못했다.) 물이 없다는 것이 얼마나 불편한지를 고객들이 깨달을 때쯤, 우리는 물을 기다리는 것은 세계 곳곳에서 수백만 명의 사람들이 매일 같이 겪고 있는 상황이라는 것을 영상으로 보여주었다. 단순히 기다리 는 게 아니라 무거운 양동이에 담아 먼 곳까지 운반하는 모습이 영상에

담겨 있었다. 우리는 사람들이 특권처럼 누리고 있음을 깨닫게 하려는 것이 아니다. 전 세계 사람들이 직면하고 있는 현실과 본능적으로 교감하게 하려는 것이었다. 물 없이 살아야 하는 상황에 실제로 맞닥뜨렸을 때 비로소 사람들은 다른 이들의 경험에도 관심을 가질 것이라고 생각했다. 많은 사람들이 이 영상에 감동받았다. 그들의 눈에서 솟아나는 뜨거운 눈물을 우리는 조용히 바라보았다.

우리는 또 사람들을 웃게 만들고도 싶었다. Water.org 초창기에는 내가 여기에 참여한다는 사실에 주목할 것임을 알기에 나 역시 이런 부분을 조금 의식했다. 실질적으로 이 단체를 이끄는 주체는 개리와 그의 아이디어인데 괜히 내 이름 때문에 방해가 되지 않을까 생각했다. 그래서 내가 고안해낸 방법이 바로 대의 앞에서 나 자신을 희화하는 것이었다. 그렇게 여러 번 실행했는데 꽤 성공적이었던 듯하다. 영화배우 엘렌 드제너러스는 내가 스모 복장으로 골프 카트를 타고 장애물 훈련장 코스를 통과하면 자신도 Water.org에 기부하겠다고 약속했다. 미션 수행 완료! 또 한 번은 내가 산타 복장에 턱수염과 뱃살까지 완벽하게 분장해서, 아이들이 크리스마스에 정말로 원하는 것은 새 장난감이 아니라 Water.org 브랜드의 카멜백 물병이라고 혼자 설득하는 내용의 영상도 만들었다. 이번에는 아무도 관심을 보이지 않았다.

나는 변기에 대해 공개적으로 언급하느라 많은 시간을 들였다. 소속사에서 이제 그만하라고 할 정도였다. 언젠가 Water.org에서 마련한 가짜 기자회견에서 내가 중대 발표를 했다. 그 시간부터 나는 파업에 돌입할 것이며 물과 위생 문제가 해결될 때까지 화장실도 가지 않겠다고. 그러고는 유감스럽게도 나 스스로 한 파업 약속을 나 스스로 깬다고 발표했다. 하지만 그 직후에 친숙한 인물들이 연이어 파업 선언을 했다. 영화배우 제시카 비엘과 제이슨 베이트먼, 올리비아 와일드, 기업인 리처드 브랜슨, 그리고 내 친구 보노가 뒤를 이었다. 똥 눌 사람들이 줄을 선 모습이 상상이 될 것이다. 어느 유튜버도 이 파업을 지지하며 말했다. "정말로 중요한 문제를 다루고 있다. 그런데도 가장 우스꽝스러운 방식으로 전개되는 모습이 더욱 신선하다."

이 내용을 〈하버드 비즈니스 리뷰〉에서 보기는 어렵겠지만, 더러는 가장 우스꽝스러운 방식이 최선일 때도 있다. 우리는 변기 파업으로 훨씬 더 많은 관심과 기부를 얻었다. 변기 파업 발표 영상의 조회 수는 150만 회였다. 사라 실버맨의 수준에는 못 미치지만 100회보다는 훨씬 많다.

위생 분야에서 오랫동안 일해온 어느 전문가는 위생 문제에 관능적인 호감을 접목하기 위해 안젤리나 졸리가 화장실 앞에 도발적으로 누워 있는 모습을 포토샵으로 조작해 프레젠테이션에 활용하곤 했다. 변기 파업 이후에 이 전문가는 안젤리나 졸리의 사진을 내가 목에 변기를 걸고 있는 진짜 사진으로 바꾸었다.[3] 이것 또한 우리가 잘해내고 있다는 신호였다. 이제 나는 분명하게 주장할 수 있다. 지구촌 화장실 문제의 얼굴은 안젤리나 졸리가 아닌 나, 맷 데이먼이라고!

그럼에도 이 운동을 뒷받침하기 위한 모든 노력에는 한계가 있다. 사람들의 관심을 끄는 시간이 불과 몇 분도 안 된다는 사실이다. 위기의 존재를 설명하기에는 충분한 시간일지 몰라도, 우리가 이 문제를 종식할 수 있다는 것을 (설명하기는 고사하고) 잠시 소개하기에도 빠듯하다. 그래서 우리의 이야기를 들려줄 또 다른 방법을 찾아냈다. 지금 당신이 읽고 있는 바로 이것을!

개리와 내가 이 책을 쓴 이유는, 이 이야기를 소개할 충분한 시간이 필요했기 때문이다. 당신도 우리가 그랬던 것처럼, 어려운 상황에 직면해 고통받다가 그것을 이겨낸 사람들 중 몇몇이라도 만나보기를 바랐다. 그리고 당신도 파도가 만들어지는 모습을 바라보고, 어떻게 하면 그 속의 일부가 될 수 있을지 생각하기를 바랐다.

어떻게 하면 당신도 파도의 일부가 될 수 있을까?

이 책에서는 돈과 관련하여 많은 이야기를 했다. 물과 위생의 위기는 근본적으로 기술의 문제라기보다 자금 확보의 문제에 더 가깝다. 따라서 가장 직접적인 해결책은 더 많은 사람들이 가능한 만큼 기부하는 것이다.

개리와 내가 이 책에서 설명한 내용이 물 부족 위기를 종식하기 위한 가장 현명한 해결책이라는 것을 알게 되었다면, 그리고 당신에게 나눌 수 있는 얼마의 여윳돈이 있다면, 이제 당신이 그 돈을 기부하기 바란다. 당신의 기부는 Water.org가 수천만 명의 사람들에게 다가가서, 지속적으로 성장하고 있고 또 성장할 물과 위생 시설을 구축하는 데 큰 힘이 될 것이다.

돈을 넘어 기여할 수 있는 방법도 있다. 이 위기에 대해, 그리고 우리가 이 문제를 어떻게 해결할 수 있는지 주변에 널리 알리는 것이다. 이 문제에 대해 대화하고, 글을 쓰고, 메일을 보내면 된다. 온라인에서 이런 식으로 목소리를 내는 것을 슬랙티비즘(slacktivism, 적극적인 노력 없이 온라인에서 사회적, 정치적 영향력을 촉구하는 행위를 폄하하는 신조어-옮긴이)이라고 비난하는 사람도 있다. 하지만 이런 이야기를 들려줌으로써 사람들이 충분히 인식한 상태에서 원하는 결정을 할 수 있다. 그렇기에 그것은 대단히 중요한 일이다. 그렇게 몇몇 사람들이 수면으로 부상하면 다른 사람들도 그들을 따라 부상하게 된다.

파도를 은유적으로 사용하기는 했지만 사실 인간은 물리학 법칙에 따라 움직이는 존재가 아니다. 우리는 선택하는 존재다. 그리고 그 선택이, 개인의 행동에 불과하지만, 차이를 만들 수 있다. 하지만 동시에, 누구 한 사람의 행동만으로는 물 부족 위기를 해결할 수 없다. 부디 나를 믿어주길 바란다. 개리가 이미 시도했다.

우리가 노력한 것들을 이야기하면 다른 사람들이 우리와 함께하고, 그들도 또 다른 사람들과 함께한다. 그렇게 많은 시간을 거치면서 처음에 우리가 가능하리라고 생각했던 것보다 훨씬 거대하고 위력적인 움직임이 만들어졌다. 자신보다 더 큰 무언가를 향해 노력과 에너지를 쏟을 때, 수면으로 부상하는 것을 바라보고 동참할 때, 그때야말로 우리의 진정한 힘을 깨닫는 순간이다.

세상의 모든 사람들이 깨끗한 물과 위생 시설을 사용할 수 있는 세상. 너무 특별한 세상이어서 상상조차 하기 어렵다.

이론이 아닌 경험에 근거한 데이터를 통해 우리는 예상할 수 있다. 깨끗한 물을 이용할 수 있다면 더 많은 여성들이 스스로의 노동력으로 소득을 얻고 가족을 부양할 수 있다는 것이다. 여성들의 지위가 향상되면서 많은 여성들이 임신을 늦추고 자녀 수를 줄임으로써 가족을 더 훌륭하게 부양할 수 있다. 그리고 당연히, 소득원이 여럿인 가정은 빈곤에서 벗어날 가능성도 높다.

수인성 질병이 줄어들면 자녀를 잃는 참기 어려운 비극을 겪는 부모도 줄어들 것이다. 발육장애도 점점 줄어든다. 아이들의 신장은 점점 늘어나고, 만성적 건강 문제는 줄어들며, 건강한 신체와 정신은 아이들의 잠재력을 최대한 끌어올릴 것이다. 어쩌면 졸업생 수도 늘어날 것이다. 가족이 사용할 물을 구하느라 학교를 자퇴하는 소녀들, 수인성 질병으로 결석하는 소년 소녀들이 훨씬 줄어들기 때문이다. 그리고 이 아이들이 더 좋은 보건 및 교육 혜택을 받고 성장해 그들의 가족과 지역사회와 세상 전체에 기여하는 모습도 보게 될 것이다.

정말 중요한 일이다.

그런데 계량화하기는 어렵지만 측정 자체보다 훨씬 중요한 변화들도 있다. 화장실을 혼자 쓸 수 있을 때의 안전함과 편안함처럼. 또는 야외의 뜨거운 햇빛 아래에서 일하다 시원한 물 한 잔을 마실 때의 고마움처럼. 또는 세상에서 가장 소중한 무언가가 없어서 몸져눕거나 시력을 잃거나 죽지 않아도 된다는 안도감처럼. 또는 다른 길을 찾고 다른 목표를 추구하며 시간을 보낼 수 있다는 미래의 가능성에 대한 느낌처럼.

수십억 명의 삶이 바뀌는 방법은 수십억 가지가 존재한다. 물론 그 모두를 나타내는 놀라운 통계는 존재하지 않는다. 하지만 우리 모두에게는 각자의 스토리가 있다. 내게도 그런 스토리가 있다.

인도 하이데라바드에서 만났던 한 가족을 기억한다. 막 설치한 수도꼭지를 조상처럼 모시던 가족이었다. 내가 본 장면을 그대로 설명하면, 초를 켜고 향을 피우고 수도꼭지 주변을 꽃으로 휘휘 돌리고 있었다. 그 가족에게 수도꼭지는 그렇게 신성한 것이었다.

우리 팀원 중 한 명이 방갈로르 외곽의 어느 마을에서 만났던 여성도 기억난다. 나이 탓인지 얼굴에 주름이 많았지만 꿋꿋하게 삶을 개척한 평범하지 않은 여성이었다. 몇 년 전에 만났을 때 그녀는 야외에서 일을 볼 때의 당황스러움과 위험을 피하려고 다른 여성들과 함께 아예 며칠씩 먹고 마시지도 않을 때도 있다고 말했다. 하지만 화장실을 만들기 위해 대출을 받았을 때 무척이나 자랑스러워했고 그녀의 일상을 지배하던 공포에서 벗어날 수 있었다. 그 뿌듯함이 그녀의 목소리에 묻어났다고 했다.

그리고 아이티에서 프로젝트를 통해 만난 소녀도 떠오른다. 다른 많은 경우처럼 그 소녀도 가족을 위해 멀리 떨어진 우물까지 물을 길으러 다녔다. 몇 살이냐고 물었더니 소녀는 열세 살이라고 답했다. 그 당시에 내 큰딸의 나이와 같았다.

이제는 물을 구하러 오후 내내 걷지 않아도 되니 남은 시간을 어떻게 보낼 것이냐고 소녀에게 물었다. "숙제하는 데 더 많은 시간을 쓸 거예요?"

소녀는 대책 없는 어른을 만났을 때 아이들이 흔히 보이는 표정을 지으며 단호히 대답했다. "아뇨!" 그리고 덧붙였다. "내가 우리 반 일등인걸요." 소녀의 목소리에는 조금의 거짓도 느껴지지 않았다.

그러고는 앞으로 그 시간을, 수도꼭지가 소녀에게 돌려준 그 시간을 어떻게 사용할 것인지 이야기했다.

"연주를 할 거예요!"

나는 "물은 생명이다"라는 격언을 또 한 번 되새겼다. 어떤 이들은 이 말을 인간이 살기 위해 물이 필요하다는 의미로 해석한다. 물론 맞는 말이다. 그러나 아주 많은 사람들에게 깨끗한 식수원은 단순히 생존만을 보장하는 것이 아니다. 물은 자유를 부른다. 물은 기쁨을 부른다.

마지막으로, 물은 살아가기 위한 기회를 부른다.

감사의 글

개리 화이트

책을 쓰는 것은 참 어려운 일이다. 특히 사회적 심판과 경제적 격동의 시대는 말할 것도 없고, 지구촌 팬데믹의 한가운데서 글을 쓰는 일이란, 사실 내가 예상했던 것보다 훨씬 힘들었다. 내 이력의 초창기부터 늘 어깨를 나란히 하며 사랑과 지원을 아끼지 않은 아내 베키가 없었다면 이 일은 불가능했을 것이다. 그리고 내가 Water.org와 워터에퀴티의 사명을 완수하기 위해 전 세계를 여행하며 자리를 비웠음에도, 그런 아빠를 이해하고 지지해준 나의 놀라운 아이들 헨리와 안나에게도 고마움을 전한다.

나의 부모님 캐시 & 제리 화이트께도 감사한다. 특히 어머니는 봉사하는 삶이 어떤 의미인지 완벽하게 보여주셨다. 아울러 지금까지도 나의 의욕을 북돋우는 열정과 목적의식을 심어주셨다. 내 형제자매와 그

가족들, 베키의 부모님도 1990년대에 이 일이 시작될 때부터 위대한 승리자의 길을 함께해 주셨다.

맷과 나를 대신하여, 이 책의 집필 과정 내내 반드시 필요한 지도와 격려를 해준 웨스트 윙 라이터스의 제프 쉬솔과 엘리 샤크에게도 큰 감사의 인사를 전한다.

초고를 사전에 검토하며 우리의 글이 우리의 가치관에 부합하는지 살펴봐 준 콘래드 N. 힐튼 재단의 세이프 워터 이니셔티브의 작가이자 선임 프로그램 운영자인 막달레나 매튜스, 작가이자 학자이며 여권 운동가인 자엘 실리먼, 송하이 어드바이저리의 공동 창업자이자 파트너인 키시 애즈먼-토고보에게도 고마움을 표한다.

탁월한 능력을 지닌 우리의 에이전트 ICM의 레이프 사갈린과 제니퍼 조엘 그리고 WME의 멜 버거, 펭귄 랜덤하우스의 편집장 니키 파파도풀로스, 트리시 댈리, 메건 맥코맥, 이 책이 독자의 손에 닿을 수 있도록 헌신을 아끼지 않은 우리의 변호사 닐 타바츠닉, 이 프로젝트를 신뢰하고 앞으로 나아가도록 힘을 실어준 지나 자놀리와 로즈메리 구델즈, 이외에도 우리의 노력을 실현하기까지 힘을 모아준 코코비 로슨, 헤더 아니, 제니퍼 쇼쉬, 베디카 브한다르카르, 리치 토르스텐, 카트리나 그린, 제라 샤비르, 리나 보노바, 멜라니 멘드리스, 앤디 사레이언, 폴 오코넬 등에게도 깊이 감사한다.

이 작업을 진행하는 과정에서 시간과 재능을 빌려준 사람도 많다. 말라 스미스-닐슨은 일회성 모금 형식의 만찬 행사를 지금의 Water.org

로 발전시키는 데 크게 기여했다. 데이브 사르, 브래드 레슬러, 줄리 대니얼스, 트레이시 잭슨 등의 자원봉사자들도 초창기부터 참여해 힘을 보탰다. 얀 & 수잔 크라이덴베르그 부부는 우리가 처음 캔자스시티로 이사했을 때 Water.org의 사무실 공간을 약속해주었다. 라니아 앤더슨은 제니퍼 쇼쉬, 쉐브니 리비스, 앨릭스 레베크 그리고 나와 팀을 이루고 우리의 재능을 조합하여 훌륭한 결과물을 이끌어냈다.

아프리카와 동남아시아, 중남미 지역의 우리 전현직 직원들과 임원들, 자원봉사자들, 계약 업체들, 프로그램 파트너들이 없었다면 그동안 Water.org와 워터에쿼티가 이룩한 광범위한 영향은 절대 불가능했을 것이다. 여러분 모두의 이름을 한 사람씩 언급하고 싶다. 여러분의 과거와 오늘이 곧 전체에 없어서는 안 될 소중한 부분들이기 때문이다.

인도 수자원부의 식수 및 위생국의 인재들에게도 감사한다. 그리고 더 큰 영향력을 발휘할 수 있도록 우리를 끊임없이 일깨워준 보노와 빌 클린턴에게도 감사의 인사를 전한다.

검증되지 않은 아이디어를 실제 프로그램으로 발전시켜 수백만 명의 삶을 바꾸는 데 기여한 실행 파트너들에게도 진심으로 감사한다.

BASIX(베이식스, 비정부기구)

CreditAccess Grameen(크레딧액세스 그라민, 소액금융기관)

Equity Bank(에쿼티 뱅크, 소액금융기관)

ASA Philippines(ASA 필리핀, 비정부기구)

MiBanco Peru(마이방코 페루, 소액금융기관)

BURO Bangladesh(BURO 방글라데시, 비정부사회개발기구)

AMK Cambodia(AMK 캄보디아, 소액금융기관)

DHAN India(DHAN 인도, 저소득층 금융지원기구)

PERPAMSI Indonesia(인도네시아 수자원협회)

IDF India(인도개발재단, 비정부기구)

우리 사업에 자금을 지원해 준 전략적 파트너들에게도 또한 고개 숙여 감사한다.

PepsiCo Foundation(펩시코 재단)

Caterpillar Foundation(캐터필라 재단)

IKEA Foundation(이케아 재단)

Inditex(인디텍스)

InBev/Stella(인베브/스텔라)

Bank of America(아메리카 은행)

Conrad N. Hilton Foundation(콘래드 N. 힐튼 재단)

Skoll Foundation(스콜 재단)

MasterCard Foundation(마스터카드 재단)

Cartier Philanthropy(까르띠에 인류애 재단)

Niagara Bottling(나이아가라 보틀링)

#startsmall Foundation(스타트스몰 재단)

Reckitt(레킷)

Tarbaca Indigo Foundation(타르바카 인디고 재단)

마지막으로 5달러든 500만 달러든 힘들게 번 돈을 Water.org에 기부해준 모든 분들께 감사한다. 우리 모두에게 더 좋고, 더 공평하고, 더 정의로운 세상을 만들고자 하는 여러분의 노력이 이 책을 통해 잘 드러나기를 바란다. 진심으로 감사의 마음을 전한다!

맷 데이먼

앞에서 개리가 한 말들.

나도 듣는 이들의 귀에 딱지가 앉을 정도로 자주 그 말들을 언급했다. 하지만 여기서만큼은 특별히 더 진심을 담아 감사의 인사를 전한다.

이 일을 하면서 가장 감동적인 것 중 하나는, 아주 다양한 배경을 지닌 아주 다른 사람들이 어떻게 하면 더 나은 세상을 만들 수 있을지를 함께 고민하고, 그 비전을 실현하기 위해 자신의 특별한 재능과 열정과 자원을 쏟아붓는다는 점이다. 여러분의 노력이 세상을 어떻게 변화시키는지 나는 바로 옆에서 똑똑히 지켜보았다. 모두에게 깊이 감사한다.

아내 루시와 내 딸들의 사랑과 이해에도 고마움을 전한다. 나와 이 삶을 함께해 준 가족 모두가 너무 고맙다. 그리고 변함없는 지지와 격려를 아끼지 않은 형 카일과 그의 아내 로리에게도 감사한다.

내게 행동주의의 길을 열어주신 어머니 낸시 칼슨-페이지께도 참 많은 빚을 졌다. 어머니는 내가 단순히 생존하기 위해 이 세상에 존재하는 게 아니라는 사실을 몸소 보여주셨다. 그리고 아버지 켄트 데이먼, 우리 곁에 늘 함께하시면서 이 책에 대한 생각도 전해주시고 다른 수많은 일들도 함께하기를 기원한다.

1장 도대체 '물 문제'라는 게 뭔데?

1   "Why a 'Water for Life' Decade?" United Nations Department of Economic and Social Affairs, 2005, https://www.un.org/waterforlifedecade/background.shtml.

2   Vickey Hallett, "Millions of Women Take a Long Walk with a 40-Pound Water Can," Goats and Soda (blog), NPR, July 7, 2016, https://www.npr.org/sections/goatsandsoda/2016/07/07/484793736/millions-of-women-take-a-long-walk-with-a-40-pound-water-can.

3   Mallika Kapur, "Some Indian Men Are Marrying Multiple Wives to Help Beat Drought," CNN, July 16, 2015, https://www.cnn.com/2015/07/16/asia/india-water-wives/index.html.

4   Patrick J. McDonnell, "Guatemala's Civil War Devastated the Country's Indigenous Maya Communities," Los Angeles Times, September 3, 2018, https://www. latimes.com/world/mexico-americas/la-fg-guatemala-war-aftermath-20180903-story.html.

5   Daniel B. Wroblewski, "One Year of Sanctuary in Cambridge, Mass.," The Harvard Crimson, April 11, 1986, https://www.thecrimson.com/article/1986/4/11/one-year-of-sanctuary-in-cambridge.

6   Li Liu, Hope L. Johnson, Simon Cousens, Jamie Perin, Susana Scott, Joy E. Lawn, Igor Rudan, Harry Campbell, Richard Cibulskis, Mengying Li, Colin

Mathers, Robert E. Black, "Global, Regional, and National Causes of Child Mortality: An Updated Systematic Analysis for 2010 with Time Trends Since 2000," The Lancet 379, no. 9832 (2012), https://doi.org/10.1016/S0140-6736(12)60560₩_1.

7   Claire Chase and Richard Damania, "Water, Well-Being, and the Prosperity of Future Generations," World Bank Group, 2017, http://documents1. worldbank.org/curated/en/722881488541996303/pdf/WP-P155196-v1-PUBLIC-main.pdf.

8   Åsa Regnér, "We Must Leverage Women's Voice and Influence in Water Governance," UN Women, August 27, 2018, https://www.unwomen.org/en/ news/ stories/2018/8/speed-ded-regner-stockholm-world-water-week.

9   The Human Development Report 2006 (New York: United Nations Development Programme, 2006), 22, http://hdr.undp.org/sites/default/files/ reports/267/hdr06-complete.pdf.

10   Guy Hutton, "Global Costs and Benefits of Drinking- Water Supply and Sanitation Interventions to Reach the MDG Target and Universal Coverage" (Geneva: World Health Organization, 2012), 5, https://apps. who.int/iris/bitstream/handle/10665/75140/WHO_HSE_WSH_12.01_eng. pdf?sequence=1&isAllowed=y.

11   Anthony Kenny, Ancient Philosophy: A New History of Western Philosophy, Volume I (Oxford: Oxford University Press, 2007), 4.

12   David Foster Wallace, "2005 Kenyon Commencement Address" (speech, Kenyon College, Gambier, Ohio, May 21, 2005), https://web.ics.purdue. edu/~drkelly/DFWKenyonAddress2005.pdf.

13   Pauline Arrillaga, "Mercy or Murder? Doubts About a Death in Desert," Los Angeles Times, October 3, 1999, https://www.latimes.com/archives/la-xpm-1999-oct-03-mn-18196-story.html.

14   "Water," Lapham's Quarterly XI, no. 3 (2018): 14.

15   "3 Endure 4,000-mile Run Across Sahara," CBS News, February 20, 2007, https://www.cbsnews.com/news/3-endure-4000-mile-run-across-sahara/.

16   Running the Sahara, directed by James Moll (New York: Gaia, 2007).

17   "Out of the Mouths of Babes: 'Aman Iman'-Water Is Life," Running the Sahara, December 12, 2006, http://www.runningthesahara.com/news. html#blog061212.

18   "Out of the Mouths of Babes," Running the Sahara.

19   "Water Resources Sector Strategy," The World Bank, last modified 2009, http://web.worldbank.org/archive/website01062/WEB/0__CO₩_47. HTM?contentMDK= 20729817&contTypePK=217265&folderPK=34004326&s itePK=494186&callCR=true% 27.

2장 물과 함께한 10년

1   Luke Dittrich, "Matt Damon: The Celebrity Shall Save You," Esquire, September 15, 2009, https://www.esquire.com/news-politics/a6286/matt-damon-1009/.

2   Drinking-Water and Sanitation, 1981-1990: A Way to Health (Geneva: World Health Organization, 1981), 2, https://apps.who.int/iris/bitstream/ handle/10665/40127/ 9241560681_eng.pdf?sequence=1&isAllowed=y.

3   "New Decade Launched Seeks Clean Water, Proper Sanitation for All by 1990," UN Monthly Chronicle 18, no. 1 (January 1981): 29, https://heinonline-rg.stanford.idm.oclc.org/HOL/ Page?collection=unl&handle=hein.unl/unchron0018&id= 3&men_ tab=srchresults.

4   Kenan Malik, "As a System, Foreign Aid Is a Fraud and Does Nothing for Inequality," The Guardian, September 2, 2018, https://www.theguardian. com/ commentisfree/2018/sep/02/as-a-system-foreign-aid-is-a-fraud-and-does-nothing-for-inequality; https://www.washingtonpost. com/archive/politics/ 2001/01/26/aid-abroadis-businessback-home/ e37a1548-fff2-4b00-861a-aab48ea0e5e5/.

5   Michael Dobbs, "Aid Abroad Is Business Back Home," The Washington Post, January 26, 2021, https://www.washingtonpost.com/archive/ politics/2001/01/26/aid-abroadis-businessback-home/e37a1548-fff2-4b00-861a-aab48ea0e5e5.

6   UNDP Water Governance Facility, Stockholm International Water Institute, "Accountability in WASH: Explaining the Concept," UNICEF, September 2014, https://www.unicef.org/media/91311/file/Accountability-in-WASH-Explaining-the-Concept.pdf.

7   John M. Kalbermatten, "The Water Decade," Waterlines 9, no. 3 (January 1991), https://www.ircwash.org/sites/default/files/Kalbermatten-1991-Water.pdf.

8 Achievements of the International Drinking Water Sanitation Decade 1981: Report of the Economic and Social Council: Report of the Secretary-General (New York: United Nations, 1990), 5, https://www.zaragoza.es/contenidos/medioambiente/onu/1004-eng.pdf.

9 UNDP Water Governance Facility, "Accountability in WASH."

10 Guy Hutton and Mili Varughese, "The Costs of Meeting the 2030 Sustainable Development Goal Targets on Drinking Water Sanitation, and Hygiene," Water and Sanitation Program technical paper (Washington, DC: World Bank Group, 2016), 7, https://openknowledge.worldbank.org/bitstream/handle/10986/23681/K8632.pdf? sequence=4&isAllowed=y.

11 Financing Water and Sanitation in Developing Countries, OECD, 2016, https://www.oecd.org/dac/financing-sustainable-development/development-finance-topics/Financing%20water%20and%20sanitation%20in%20developing%20countries%20-%20key%20trends%20and%20figures.pdf.

12 David Bornstein, "The Real Future of Clean Water," The New York Times, August 21, 2013, https://opinionator.blogs.nytimes.com/2013/08/21/the-real-future-of-clean-water/.

3장 빅 아이디어

1 Belinda Goldsmith and Meka Beresford, "War-Torn Afghanistan and Syria Ranked Second and Third in the Thomson Reuters Foundation Survey of About 550 Experts on Women's Issues," Thomson Reuters Foundation News, June 26, 2018, https://news.trust.org//item/20180612134519-cxz54.

2 Apoorva Jadhav, Abigail Weitzman, and Emily Smith-reenaway, "Household Sanitation Facilities and Women's Risk of Non-Partner Sexual Violence in India," BMC Public Health 16, no. 1139 (2016), https://bmcpublichealth.biomedcentral.com/articles/10.1186/s12889-016-3797-z.

3 Peter Schwartzstein, "The Merchants of Thirst," The New York Times, January 11, 2020, https://www.nytimes.com/2020/01/11/business/drought-increasing-worldwide.html.

4 Schwartzstein, "The Merchants of Thirst."

5 Muhammad Yunus and Alan Jolis, Banker to the Poor: Micro-Lending and the Battle Against World Poverty (New York: Public Affairs, 2008).

6   Beth Duff—Brown, "Microcredit Bank Grows Out of a $27 Investment," Los Angeles Times, April 4, 2004, https://www.latimes.com/archives/la—xpm—2004—qpr—04—sdfg—banker4—story.html.

7   Yunus and Jolis, Banker to the Poor.

8   Muhammad Yunus, "Microcredit, Information Technology, and Poverty: The Experience of Grameen Bank," The Brown Journal of World Affairs 8, no 2 (2002), http://www.jstor.org/stable/24590258.

9   Rohini Pande and Erica Field, "Give Women Credit," Ideas for India, November 24, 2017, https://www.lse.ac.uk/about—lse/connect/assets/shorthand—files/microfinance/index.html.

10 Yunus, "Microcredit, Information Technology, and Poverty."

11 David Lepeska, "The Maturation of Microfinance," Devex, July 16, 2008, https://www.devex.com/news/the—maturation—of—microfinance—29440.

12 Lepeska, "The Maturation of Microfinance."

13 Jason Burke, "Impoverished Indian Families Caught in Deadly Spiral of Microfinance Debt," The Guardian, January 31, 2011, https://www.theguardian.com/world/2011/jan/31/india—microfinance—debt—struggle—suicide.

14 "SKS Under Spotlight in Suicides," The Wall Street Journal, February 24, 2012, https://www.wsj.com/articles/SB10001424052970203918304577242602296683134.

15 Stephanie Wykstra, "Microcredit Was a Hugely Hyped Solution to Global Poverty. What Happened?," Vox, January 15, 2019, https://www.vox.com/future—perfect/2019/1/15/18182167/microcredit—microfinance—poverty—grameen—bank—yunus;Soutik Biswas, "India's Micro—Finance Suicide Epidemic," BBC, December 16, 2010, https://www.bbc.com/news/world—south—asia—11997571.

16 "Q& A with Muhammad Yunus," Enterprising Ideas, PBS, http://www.shoppbs.pbs.org/now/enterprisingideas/Muhammad—Yunus.html.

17 Don Johnston and Jonathan Morduch, "The Unbanked: Evidence from Indonesia," The World Bank Economic Review 22, no. 3 (2008): 520, http://www.jstor.org/stable/40282286.

18 Naren Karunakaran, "How to Fix Flaws in the Present Microfinance Model," The Economic Times, November 12, 2010, https://economictimes.indiatimes.com/industry/banking/finance/how—to—fix—flaws—in—the—present—microfinance—model/articleshow/6912025.cms?from=mdr.

19   "BASIX–Bhartiya Samruddhi Finance Limited(BSFL): A New Generation Livelihoods Promotion Institution," Growing Inclusive Markets, April 2010, http://www. growinginclusivemarkets.org/media/cases/India_BASIX_2011. pdf

20   "The Cost of Leneriza's Water, Then and Now," Water.org, https://water. org/our–impact/all–stories/cost–lenerizas–water–then–and–now.

21   Meera Mehta, Assessing Microfinance for Water and Sanitation: Exploring Opportunities for Sustainable Scaling Up (Ahmedabad, India: Bill & Melinda Gates Foundation, 2008), 4, https://docs.gatesfoundation.org/documents/ assessing–microfinance–wsh–2008.pdf.

4장 운명적 만남

1   Joe Conason, Man of the World: The Further Endeavors of Bill Clinton (New York: Simon & Schuster, 2016): 243 – 44.

2   "Press Release: President Clinton Announces Program for 2008 Clinton Global Initiative Annual Meeting," Clinton Foundation, September 15, 2008, https://www.clintonfoundation.org/main/news–and–media/press– releases–and–statements/ press–release–president–clinton–announces– program–for–2008–clinton–global–initia.html.

3   "Parasitic Worms and Bono Jokes in Midtown Manhattan," The Economist, October 2, 2008, https://www.economist.com/news/2008/10/02/ billanthropy.

4   "Clinton Global Initiative Concludes with $8 Billion in Commitments," Philanthropy News Digest, September 30, 2008, https:// philanthropynewsdigest.org/news/clinton–global–initiative–concludes– with–8–billion–in–commitments.

5   "Parasitic Worms and Bono Jokes," The Economist.

6   Sarah Haughn, "Clinton Global Initiative Commits Millions to Water and Sanitation," Circle of Blue, October 6, 2008, https://www.circleofblue. org/2008/world/clinton–global–initiative–commits–millions–to–water–and– sanitation.

7   "Delivering Access to Safe Water through Partnerships," Pepsico, 2014, https://www.pepsico.com/docs/album/sustainability–report/regional

−and−topic−specific−reports/pep_wp14_safe_water_2014.pdf?sfvrsn =f59ded9f_4.

8   Guy Hutton and Mili Varughese, "The Costs of Meeting the 2030 Sustainable Development Goal Targets on Drinking, Water Sanitation, and Hygiene," Water and Sanitation Program technical paper (Washington, DC: World Bank Group, 2016), 2, https://openknowledge.worldbank.org/ bitstream/handle/10986/23681/K8632.pdf? sequence=4&isAllowed=y.

9   Financing Water and Sanitation in Developing Countries, OECD, 2016, https://www.oecd.org/dac/financing−sustainable−development/ development−finance−topics/Financing%20water%20and%20sanitation%20 in%20developing%20countries%20−% 20key%20trends%20and%20figures. pdf.

10 Charles Fishman, The Big Thirst (New York: Free Press, 2012), 265.

11 Fishman, The Big Thirst, 266.

12 "How Much Water Is Needed in Emergencies," World Health Organization, last updated 2011, https://www.who.int/water_sanitation_health/ publications/2011/tn9_how_much_water_en.pdf, https://handbook. spherestandards.org/en/sphere/#ch001.

13 Ken Bensinger, "Masses Aren't Buying Bailout," Los Angeles Times, September 16, 2008, https://www.latimes.com/archives/la−xpm−2008− sep−26−fi−voxpop26−story.html; Ben Rooney, "Bailout Foes Hold Day of Protests," CNN Money, September 25, 2008, https://money. cnn.com/2008/09/25/news/economy/bailout_protests/?postversi on=2008092517.

14 "Billanthropy Squared," The Economist, September 25, 2008, https://www. economist.com/united−states/ 2008/09/25/billanthropy−squared.

15 Reuters Staff, " 'Banker to Poor' Has Suggestion for Bankers to Rich," Reuters, September 26, 2008, https://www.reuters.com/article/us− financial−microfinance/banker−to−poor−has−suggestion−for−bankers−to− rich−idUSTRE48P7UK20080926.

5장 Water.org의 시작

1   Brent Schrotenboer, "Livestrong Caught in Crossfire of Scandal, Says VP," USA Today, February 28, 2013, https://www.usatoday.com/story/

sports/cycling/2013/02/28/lance–armstrong–livestrong–cancer–tour–de-france/1954665.

2   "Livestrong Charity Looks to Rebuild Following Lance Armstrong Scandal," Associated Press, February 11, 2020, https://www.espn.com/olympics/cycling/story/_/id/28680574/livestrong–charity–looks–rebuild–following–lance–armstrong–scandal.

3   "Household Water Use: Haiti," JMP, last updated 2020, https://washdata.org/data/household#!/table?geo0=country&geo1=HTI.

4   Richard Knox, "Water in the Time of Cholera: Haiti's Most Urgent Health Problem," NPR, April 12, 2021, https://www.npr.org/sections/health-shots/2012/04/13/150302830/water–in–the–time–of–cholera–haitis–most–urgent–health–problem.

5   Hans Rosling, Factfulness: Ten Reasons We're Wrong About the World— and Why Things Are Better Than You Think (New York: Flatiron Books, 2018), 15.

6   Rosling, Factfulness, 5 – 6.

7   Rosling, Factfulness, 9.

8   Max Roser (@MaxCRoser), "Newspapers could have had the headline 'Number of people in extreme poverty fell by 137,000 since yesterday' every day in the last 25 years," Tweet, October 16, 2017, https://twitter.com/MaxCRoser/status/919921745464905728.

6장 빅 아이디어, 두 번째 시도

1   Kelly Dilworth, "Average Credit Card Interest Rates: Week of Aug. 4, 2021," CreditCards.com, August 4, 2021, https://www.creditcards.com/credit-card–news/rate–report.php.

2   "COVID–19 Spending Helped to Lift Foreign Aid to an All–time High in 2020," OECD, April 13 2021, https://www.oecd.org/dac/financing-sustainable–development/development–finance–data/ODA–2020–detailed–summary.pdf.

3   "Despite COVID–19, Global Financial Wealth Soared to Record High of $250 Trillion in 2020," Boston Consulting Group, June 10, 2021, https://www.bcg.com/press/10june2021–despite–covid–19–global–financial–wealth–soared–record–high–250–trillion–2020.

4   Dan Ariely, Predictably Irrational (New York: Harper, 2009), 76.

5   Ariely, Predictably Irrational, 76.

6   Ariely, Predictably Irrational, 79.

7   Ariely, Predictably Irrational, 79.

8   OECD, "COVID–19 Spending Helped to Lift Foreign Aid to an All–time High in 2020"; Boston Consulting Group, "Despite COVID–19, Global Financial Wealth Soared to Record High of $250 Trillion in 2020."

9   Steve Schueth, "Socially Responsible Investing in the United States," Journal of Business Ethics 43, no. 3 (2003): 189–94, http://www.jstor.org/stable/25074988; William Donovan, "The Origins of Socially Responsible Investing," The Balance, April 23, 2020, https://www.thebalance.com/a–short–history–of–socially–responsible–investing–3025578.https://www.jstor.org/stable/25074988.

10 Schueth, "Socially Responsible Investing," 189–94.

11 Donovan, "The Origins of Socially Responsible Investing."

12 Lena Williams, "Pressure Rises on Colleges to Withdraw South Africa Interests," The New York Times, February 2, 1986, https://www.nytimes.com/1986/02/02/us/pressure–rises–on–colleges–to–withdraw–south–africa–interests.html.

13 Paul Lansing, "The Divestment of United States Companies in South Africa and Apartheid," Nebraska Law Review 60, no. 2 (1981): 312, https://digitalcommons. unl.edu/cgi/viewcontent.cgi? article= 2025& context= nlr.

14 United States Congress, House Committee on Foreign Affairs, Sub–committee on International Economic Policy and Trade, "The Status of United States Sanctions Against South Africa: Hearing Before the Sub–committees on International Economic Policy and Trade and on Africa of the Committee on Foreign Affairs, House of Representatives, One Hundred Second Congress, First Session, April 30, 1991, Volume 4" (US Government Printing Office, 1992), https://books.google.com/books?id= itTyqdwa8CsC&pg=PA98&lpg=PA98&dq=south+africa+divestment+ca mpaign+ %2220+billion%22&source=bl&ots=kKgQRU9plQ&sig=ACfU3U 0NLoqA15ad2xuojwtd0 WeM6wx0TA&hl=en&sa=X&ved=2ahUKEwizzY– I96HyAhWgElkFHaKmAooQ6AF6B AgMEAM#v=onepage&q=south%20 africa%20divestment%20campaign%20%2220% 20billion%22&f=false.

15 Michiel A. Keyzer and C. Wesenbeeck, "The Millennium Development Goals, How Realistic Are They?" De Economist 165, no. 3 (February 2007),

https://www.researchgate.net/publication/24110281_The_Millennium_
Development_Goals_How_ Realistic_Are_They.

16　The Rockefeller Foundation 2005 Annual Report (New York: Rockefeller
Foundation, April 2006), https://www.rockefellerfoundation.org/wp-
content/uploads/ Annual-Report-2005-1.pdf.

17　2005 Annual Report (Bill & Melinda Gates Foundation, 2006), 38,
https://www.gatesfoundation.org/-/media/1annual-reports/2005gates-
foundation-annual-report.pdf.

18　Judith Rodin, The Power of Impact Investing: Putting Markets to Work
for Profit and Global Good (Philadelphia: Wharton School Press, 2014);
Veronica Vecchi, Luciano Balbo, Manuela Brusoni, and Stefano Caselli,
eds., Principles and Practice of Impact Investing: A Catalytic Revolution
(Sheffield, UK: Greenleaf Publishing, 2016).

19　"Bellagio Center," The Rockefeller Foundation: A Digital History, https://
rockfound.rockarch.org/bellagio-enter.https://www.rockefellerfoundation.
org/our-work/bellagio-enter/about-bellagio.

20　Beth Richardson, "Sparking Impact Investing Through GIIRS," Stanford
Social Innovation Review, October 24, 2012, https://ssir.org/articles/entry/
sparking_impact_investing_through_giirs.

21　"Thematic and Impact Investing Executive Summary," Principles for
Responsible Development, https://www.unpri.org/thematic-and-impact-
investing/impact-investing-market-map/3537.article.

22　Dan Freed, "JP Morgan's Dimon Rolls Eyes Up at Gloom and Davos
Billionaires," Reuters, February 23, 2016, https://www.reuters.com/article/
jpmorgan-outlook-davos/jp-morgans-diimon-rolls-eyes-up-at-gloom-
and-davos-billionaires-dUSL8N16258B.

7장 세상이 움직이다

1　Richard Fry, "Millennials Are the Largest Generation in the U.S. Labor
Force," Pew Research Center, April 11, 2018, https://www.pewresearch.
org/fact-tank/2018/04/11/millennials-largest-generation-us-labor-force.

2　"3.1 Harnessing the Hype," in From the Margins to the Mainstream:
Assessment of the Impact Investment Sector and Opportunities to Engage
Mainstream Investors (Geneva: World Economic Forum, September 2013),

10, http://www3.weforum.org/docs/WEF_II_FromMarginsMainstream_Report_2013.pdf.

3   Abhilash Mudaliar and Hannah Dithrich, "Sizing the Impact Investing Market," Global Impact Investing Network, April 1, 2019, https://thegiin.org/research/publication/impinv-market-size.

4   World Economic Forum, "From the Margins to the Mainstream: Assessment of the Impact Investment Sector and Opportunities to Engage Mainstream Investors"; Mudaliar and Dithrich, "Sizing the Impact Investing Market"; Gary Shub, Brent Beardsley, Hélène Donnadieu, Kai Kramer, Monish Kumar, Andy Maguire, Philippe Morel, and Tjun Tang, "Global Asset Management 2013: Capitalizing on the Recovery," The Boston Consulting Group, July 2013, https://image-src.bcg.com/Images/Capitalizing_on_the_Recovery_Jul_2013_tcm9-95253.pdf; Renaud Fages, Lubasha Heredia, Joe Carrubba, Ofir Eyal, Dean Frankle, Edoardo Palmisani, Neil Pardasani, Thomas Schulte, Ben Sheridan, and Qin Xu, "Global Asset Management 2019: Will These '20s Roar?," July 2019, https://image-src.bcg.com/Images/BCG-Global-Asset-Management-2019-Will-These-20s-Roar-July-2019-R_tcm9-227414.pdf.

5   Somini Sengupta and Weiyi Cai, "A Quarter of Humanity Faces Looming Water Crisis," The New York Times, August 6, 2019, https://www.nytimes.com/ interactive/2019/08/06/climate/world-water-stress.html?fallback=0&recId= 1P6rWfl5kuGl6PAF5eQETnq2ONM&locked0&geoContinent=NA&geoRegion=TX&rec Alloc=top_conversion&geoCountry=US&blockId=most-popular&imp_id=64322975& action=click&module=trending&pgtype=Article&region=Footer.

6   Fiona Harvey, "Water Shortages to Be Key Environmental Challenge of the Century, Nasa Warns," The Guardian, May 16, 2018, https://www.theguardian.com/environment/2018/may/16/water-shortages-to-be-key-environmental-challenge-of-the-century-nasa-warns.

7   "AQUASTAT— FAO's Global Information System on Water and Agriculture," Food and Agriculture Organization of the United Nations, http://www.fao.org/aquastat/en/overview/methodology/water-use.

8   "AQUASTAT

9   Sumila Gulyani, Debabrata Talukdar, and R. Mukami Kariuki, Water for the Urban Poor: Water Markets, Household Demand, and Service Preferences in Kenya (Washington, DC: The World Bank, 2005).

10 Richard Damania, Sébastien Desbureaux, Marie Hyland, Asif Islam, Scott Moore, Aude–Sophie Rodella, Jason Russ, and Esha Zaveri, Uncharted Waters: The New Economics of Water Scarcity and Economic Variability (Washington, DC: The World Bank, 2017), 36.

11 Henry Fountain, "Researchers Link Syrian Conflict to a Drought Made Worse by Climate Change," The New York Times, March 2, 2015, https://www.nytimes.com/2015/03/03/science/earth/study–inks–syria–conflict–to–drought–caused–by–climate–change.html.

12 "How Could a Drought Spark a Civil War?," NPR, September 8, 2013, https://www.npr.org/2013/09/08/220438728/ how–could–a–drought–spark–a–civil–war.

13 Joshua Hammer, "Is a Lack of Water to Blame for the Conflict in Syria?," Smithsonian Magazine, June 2013, https://www.smithsonianmag.com/innovation/is–a–lack–of–water–to–blame–for–the–conflict–in–syria–2513729.

14 Alexandra A. Taylor, "Climate Change Will Affect Access to Fresh Water. How Will We Cope?," C& EN, February 10, 2020, https://cen.acs.org/environment/water/Climate–change–affect–access–fresh/98/i6.

15 Carl Ganter, "Water Crises Are a Top Global Risk," World Economic Forum, January 16, 2015, https://www.weforum.org/agenda/2015/01/why–world–water–crises–are–a–top–global–risk/.

16 "High and Dry: Climate Change, Water, and the Economy," The World Bank, https://www.worldbank.org/en/topic/water/publication/high–and–dry–climate–change–water–and–the–economy.

17 "About," Water Resistance Coalition, https://ceowatermandate.org/resilience/about.

18 Ben Paynter, "Roughly One–Third of Funders Are Comfortable Taking Below– arket Rate Returns or Breakven Paybacks," Fast Company, June 5, 2017, https://www.fastcompany.com/40426561/the–philanthropy–world–is–embracing–impact–investing; Lori Kozlowski, "Impact Investing: The Power of Two Bottom Lines," Forbes, October 2, 2012, https://www.forbes.com/sites/lorikozlowski/2012/10/02/ impact–investing–the–power–of–two–bottom–lines/?sh=7a4f037a1edc.

19 The Sustainability Imperative (New York: The Nielsen Company, 2015), 2, https:// www.nielsen.com/wp–content/uploads/sites/3/2019/04/Global20Sustainability20Report _October202015.pdf.

8장 벤처형 자선

1   Nilanjana Bhowmick, "Handwashing Helps Stop COVID—19. But in India, Water Is Scarce," National Geographic, April 7, 2020, https://www.nationalgeographic.com/ science/2020/04/hand—washing—can—combat—coronavirus—but—can—the—rural—poor—afford—frequent—rinses/.

2   "Almost 2 Billion People Depend on Health Care Facilities Without Basic Water Services," World Health Organization, December 14, 2020, https://www.who.int/ news/item/14—12—2020—almost—2—billion—people—depend—on—health—care—facilities—without—basic—water—services—who—unicef.

3   Peter Daszak, "We Knew Disease X Was Coming. It's Here Now," The New York Times, February 27, 2020, https://www.nytimes.com/2020/02/27/ opinion/ coronavirus—pandemics.html.

4   Michael Dulaney, "The Next Pandemic Is Coming and Sooner Than We Think, Thanks to Changes to the Environment," ABC News Australia, June 6, 2020, https://www.abc.net.au/news/science/2020—06—07/a—matter—of—when—not—if—the—next—pandemic—is—around—the—corner/12313372.

5   "Matt Struggles for Survival," The Philippine Star, September 5, 2011, https://www.philstar.com/entertainment/2011/09/05/723632/matt—struggles—survival.

6   Yagazie Emezi and Danielle Paquette, "Living Through a Pandemic When Your Access to Water Is Difficult," The Washington Post, May 21, 2020, https://www.washingtonpost.com/graphics/2020/world/nigeria—water—during—coronavirus/? itid=lk_interstitial_manual_71.

7   George McGraw, "How Do You Fight the Coronavirus Without Running Water?," The New York Times, May 2, 2020, https://www.nytimes.com/2020/05/02/opinion/coronavirus—water.html.

8   "The Challenge," United Nations Economic Commission for Europe, https:// unece.org/challenge#:~:text=Methane%20is%20a%20powerful%20greenhouses,are% 20due%20to%20human% 20activities.

9   Climate Change 2014: Mitigation of Climate Change (New York: Cambridge University Press, 2014), https://www.ipcc.ch/site/assets/uploads/2018/02/ipcc_wg3_ ar5_full.pdf.

10 "Greenhouse Gas Emissions from a Typical Passenger Vehicle," United States Environmental Protection Agency, July 21, 2021, https://www.epa.gov/greenvehicles/greenhouse—gas—emmisions—typical—passenger—

vehicle#:~:text= typical%20passenger%20vehicle%3F_,A%20typical%20
passenger%20vehicle% 20emits%20about%204.6%20metric%20tons%20
of,around% 2011%2C500%20miles% 20per%20year.

11   Mads Warming, "How Can More Water Treatment Cut CO2 Emissions?,"
     International Water Association, May 20, 2020, https://iwa–network.org /
     how–can–more–water–treatment–cut–CO2–emissions.

12   Sustainability at Manila Water: Protecting the Environment," Water Manila
     Company, 2019, https://reports.manilawater.com/2018/sustainability–at–
     manila–water/protecting–the–environment.

13   "How Much Electricity Does an American Home Use?," U.S. Energy
     Information Administration, October 9, 2020, https://www.eia.gov/tools/
     faqs/faq.php?id=97&t= 3.

14   Bill Kingdom, Roland Liemberger, and Philippe Marin, "The Challenge
     of Reducing Non–Revenue Water(NRW) in Developing Countries. How
     the Private Sector Can Help: A Look at Performance–Based Service
     Contracting," Water Supply and Sanitation Sector Board Discussion Paper
     Series, no. 8 (December 2006), 52, https://openknowledge.worldbank.org/
     bitstream/handle/10986/17238/ 394050Reducing1e0wa ter0WSS81PUBLIC1.
     pdf?sequence=1&isAllowed=y.

15   Katrina Yu, "Why Did Bill Gates Give a Talk with a Jar of Human Poop by
     His Side?," NPR, November 9, 2018, https://www.npr.org/sections/goatsa
     ndsoda/2018/11/09/666150842/why–did–bill–gates–give–a–talk–with–a–
     jar–of–human–poop–by–his–side.

16   "Vast Energy Value in Human Waste," United Nations University, November
     2, 2015, https://unu.edu/media–relations/releases/vast–energy–value–in–
     human– waste.html.

17   "UN World Water Development Report 2020: 'Water and Climate Change,'
     " United Nations Water, March 21, 2020, https://www.unwater.org/world–
     water– development–report–2020–water–and–climate–change/.

18   James Workman, "Why Understanding Resilience Is Key to Water
     Management," The Source, April 13, 2017, https://www.thesourcemagazine.
     org/understanding–resilience–key–water–management/.

19   OECD and netFWD, "Venture Philanthropy in Development Dynamics,
     Challenges and Lessons in the Search for Greater Impact," OECD
     Development Centre, 2014, https://www.oecd.org/site/netfwd/Full%20
     Study_Venture%20Philanthropy%20in% 20Development.pdf.

20   "World's Billionaires Have More Wealth Than 4.6 Billion People," Oxfam, January 20, 2020, https://www.oxfam.org/en/press-releases/worlds-billionaires-have-more-wealth-46-billion-people.

9장 파도

1   Slum Almanac 2015 – 2016: Tracking Improvement in the Lives of Slum Dwellers (Nairobi: UN Habitat, 2016), 8, https://unhabitat.org/sites/default/files/documents/ 2019-05/slum_almanac_2015-2016_ psup.pdf.

2   Sarah Bean Apmann, "Tenement House Act of 1901," Village Preservation, April 11, 2016. https://www.villagepreservation.org/2016/04/11/tenement-house-act-of-1901.

3   Rose George, The Big Necessity (New York: Picador, 2014), 242.

워터

초판 1쇄 인쇄 2022년 4월 15일
초판 1쇄 발행 2022년 4월 26일

지은이 맷 데이먼 · 개리 화이트
옮긴이 김광수
펴낸이 이범상
펴낸곳 (주)비전비엔피 · 애플북스

기획편집 이경원 차재호 김승희 김연희 고연경 박성아 최유진 황서연 김태은 박승연
디자인 최원영 이상재 한우리
마케팅 이성호 최은석 전상미 백지혜
전자책 김성화 김희정 이병준
관리 이다정

주소 우)04034 서울시 마포구 잔다리로7길 12 (서교동)
전화 02)338-2411 | **팩스** 02)338-2413
홈페이지 www.visionbp.co.kr
인스타그램 www.instagram.com/visioncorea
포스트 post.naver.com/visioncorea
이메일 visioncorea@naver.com
원고투고 editor@visionbp.co.kr

등록번호 제313-2007-000012호

ISBN 979-11-90147-96-5 03300

도서에 대한 소식과 콘텐츠를
받아보고 싶으신가요?